DE LA GAIETÉ.

Semper gaudete.

St. P. Ep. ad Theff. c. 5.

Par le MARQUIS CARACCIOLI,
Colonel au Service du Roi de Pologne
Électeur de Saxe.

A FRANCFORT, &

A PARIS,

Chez NYON, Quai des Auguftins, près la rue
Gille-Cœur, à l'Occafion.

M. DCC. LXII.

PREFACE

ON sera sans doute surpris de voir l'Auteur du *Tableau de la Mort* donner un Ouvrage sur la Gaieté ; mais je me flatte que lorsqu'on l'aura parcouru, on avouera qu'il ne contredit en rien cette Philosophie Chrétienne que j'ai tâché d'inspirer : & si l'on n'en étoit pas persuadé, il· fuffiroit d'ouvrir le Livre qui a pour titre , *La Jouif-fance de Soi-même* , à l'Article des Jeux , page 396 , & d'y lire ce qui fuit.

» *Il faut convenir que no-*
» *tre efprit étant limité , &*
» *n'ayant point en lui – même*
» *des reffources infinies , re-*
» *tombe néceffairement fur des*
» *bagatelles quand il s'eft beau-*
» *coup appliqué* . . . . . *Les hom-*
» *mes les plus férieux dans*
» *leurs Ouvrages , font fou-*

» vent les plus enjoués dans le
» commerce du monde....Ceux
» qui ne se connoissent point,
» (& combien n'y en a-t-il
» pas!) s'imaginent qu'un Sa-
» ge dégénere lorsqu'il plaisan-
» te & lorsqu'il badine ; ils vou-
» droient qu'il ne déridât ja-
» mais son front, & qu'il sou-
» tînt le personnage de mora-
» liseur éternel : mais ceux qui
» s'approfondissent, sentent très
» bien que l'esprit doit se dé-
» tendre, & que rien n'est plus

» *admirable que de voir un*
» *Philosophe qui fait partager*
» *son tems entre l'application à*
» *l'Etude & les devoirs de So-*
» *ciété . . . . On doit méprifer*
» *le jugement de ces petits ef-*
» *prits qui s'étonnent, & qui*
» *même fe fcandalifent, de voir*
» *des Sages d'une humeur en-*
» *jouée.*

La Converfation avec foi-
même, ainfi que *le Tableau de*
la Mort, font deux autres
Ouvrages qui viennent à l'ap-

pui de celui-ci : l'un renferme un Chapitre fur les
plaifirs, qu'on goûte en ré-
flechiffant; & l'autre traite des
confolations de la mort, d'une
maniere qui fait voir que
chaque état a fes douceurs,
& qu'il n'eft pas défendu
d'en jouir felon les regles.
La Grandeur d'Ame n'a pas
d'autres principes; on y condamne cette dévotion auftere qui fe fcandalife des moindres ris & des moindres pro-

pos. Les Ouvrages que j'ai donnés en Italien, font fur le même plan. Ainfi en offrant le Livre *De la Gaieté*, je ne puis être accufé d'inconféquence.

Il eft une Gaieté toute fpirituelle, qui naît du calme des paffions, & qu'on peut appeller l'épanouiffement d'une ame tranquille. Si Erafme, tout Philofophe qu'il étoit, a fait l'éloge de la folie, il femble que je

puis louer une situation heureuse, j'ai presque dit vertu,
qui paroît être l'harmonie
de l'esprit & du cœur, &
qui n'ayant rien de commun
avec la bouffonnerie, ni avec
la dissipation, est plutôt le
rire de l'ame que celui des
sens.

La matiere que je traite n'est
point aussi frivole qu'on pourroit d'abord se l'imaginer. Le
monde fourmille de libertins
& de faux dévots, qui, dénués

de principes, croient la gaieté incompatible avec la vertu, taxent d'inconféquence,
& quelquefois d'irréligion,
tout Auteur dont la morale
eft févere & la converfa-
tion enjouée. Ils ignorent
qu'on a befoin d'un délaffe-
ment proportionné au tra-
vail, que des ris innocens
ne contredirent jamais les
maximes de la Sageffe, &
qu'enfin la vertu ne plaît &
n'engage qu'autant qu'elle

se montre sous un aspect aimable.

Le desir que j'ai d'inspirer la gaieté, m'a sollicité
à donner cet Ouvrage. Si
je n'ai pas le bonheur de
pouvoir réussir, on se per-
suadera du moins qu'on
peut écrire très sérieusement
sans être triste ou taciturne.
Les exemples ne me man-
queront pas, si j'en dois citer. Certains Auteurs, dont
les ombres valoient mieux

que mes lumieres, montre-
rent leur génie fous diverfes
formes. Le favant *Huet* com-
pofa fa Démonftration évan-
gélique , & des Eglogues;
Santeuil célebre par fes Hym-
nes, fe rendit fameux par fes
bons mots ; l'auftere *Nicole*
donna fes Effais de morale ,
& fes Vifionnaires ; *Fénelon*
fit un Traité fur l'exiftence
de Dieu, & fon Télémaque ;
Fléchier nous édifia par des
Oraifons funébres , & nous

amuſa par la peinture de ſes défauts & de ſes vertus. Enfin *Saraſa*, Théologien Eſpagnol, ne crut pas profaner ſa plume en écrivant un Ouvrage qui a pour titre : l'Art de toujours ſe réjouir, *De Arte ſemper gaudendi* ; Ouvrage, qui, en égayant l'eſprit, fait aimer la vertu.

Je diſtinguerai toutes les différentes eſpeces de gaieté, & après les avoir caractériſées, je peindrai celle qu'on peut nommer philosophique, & dont on doit envier la possession. Si, après ces éclaircissemens, on s'obstine à prétendre qu'un Ecrivain qui moralise dans ses Ecrits n'est plus en droit de pouvoir s'égayer, j'en rirai, & je penserai seulement que mon censeur n'est pas gai.

C'est d'ailleurs la meilleure maniere de répondre aux Critiques, qui cherchent souvent à mordre plutôt qu'à inſtruire ; mais tout Auteur doit ſavoir qu'un Livre imprimé appartient au Public , & que c'eſt une donation qu'on n'a plus droit de revendiquer. C'eſt ſous ce point de vue que j'ai toujours conſidéré les foibles Ouvrages que j'ai oſé lui préſenter ; Ouvrages , je l'avoue , qui quelquefois diffus , & d'un ſtyle inégal , n'ont d'autre mérite que la vérité. Ainſi je n'ai jamais été affecté de la critique qu'on en a pu faire ; & parce que mes Lecteurs ont droit de me juger, & parceque les personnes gaies n'aiment pas à se fâcher.

Les Ouvrages de M. le Marquis CARACCIOLI; *se trouvent chez* NYON.

La Jouissance de soi-même,	3 liv.	
La Conversation avec soi-même	2 10 f.	
Le Tableau de la Mort,	2 10	
Le Véritable Mentor,	2 10	*Re-*
La Grandeur d'Ame,	2 10	*liés.*
De la Gaieté ,	2 10	
L'Univers Enigmatique,	2	
Les Caracteres de l'Amitié,	2	

DE

DE LA GAIETÉ.

CHAPITRE PREMIER.

Définition de la Gaieté.

IL n'eſt gueres concevable comment les hommes, preſque tous amis de la gaieté, n'en ont pas fait plus ſouvent l'objet de leurs réflexions, ou la matiere de leurs Ecrits. Si l'on excepte quelques Ouvrages, où l'on tâche de nous en donner une idée ſous les noms de bonheur & de plaiſir, on n'ap-

A

perçoit que des chofes vagues, & tout à-fait étrangeres à un fi beau fujet. Cependant, quelles richeffes l'éloquence n'eût-elle pas trouvées dans les charmes qu'infpire la gaicté ! charmes qui ne font ni l'effet du caprice, ni celui du hazard ; mais qui naiffent d'une heureufe difpofition d'ame, qu'on ne peut trop defirer.

Que j'aime à m'égarer avec ces perfonnes gaies , dont l'imagination fe promene fur tous les objets rians , & recueille des plaifirs purs, qui, paffant jufqu'au cœur, s'y concentrent & s'y fixent ! C'eft alors que les chagrins s'anéantiffent comme s'ils n'avoient jamais exiftés , & que l'efprit & le cœur forment un concert qui endort les passions, & qui réveille toutes les idées de bonheur ; c'est alors que, dans une ivresse réflechie, l'ame se savoure elle-même, jouit du plaisir d'être, & de sentir l'auguste influence de son Auteur ; c'est alors qu'une conscience sans reproche répand sur tous les événemens de la vie une tranquillité que l'écroulement de l'Univers ne pourroit ébranler.

Mais ne nous étonnons pas si la vraie gaieté produit de si beaux effets, puisqu'il ne s'agit que de la définir pour en connoître tout le prix. En vain la bigoterie oseroit la dénigrer ; on ne doit entendre par la gaieté que l'épanchement d'une ame philosophe sur des biens innocens que l'imagination embellit. Et quels font ces biens ? Tantôt l'afpect d'une prairie, tantôt la lecture d'un Ouvrage amufant, tantôt l'entretien d'un ami, parceque la véritable joie fe fait des tréfors de ce qui paroît indifférent & fouvent infipide aux yeux du mifantrope ou du libertin.

Si la gaieté étoit une paffion, fes impreffions feroient bien moins calmes & bien moins agréables; mais telle qu'un de ces doux zéphirs qui répandent leur haleine fur les ondes, elle remue le cœur fans le troubler, elle reveille l'efprit fans l'agiter, elle promene l'imagination fans l'égarer. C'eft au milieu de fes charmes qu'on refpire cet air doux & bienfaifant dont les faifons ne nous offrent point d'image; c'est dans son commerce qu'on se sent revivre & rajeunir. Semblable à cette délicieuse rosée qui fait reverdir nos campagnes, elle ne pénetre un cœur que pour le renouveller & le dilater. Qu'elle grace n'ont pas les ris qui ne sont que ses expressions ! quelle joie ne communique-t-elle pas à ceux qui ne font que la pressentir !

Bien des personnes équivoquent sur le mot de gaieté, en la confondant avec la bouffonnerie, ou tout au moins avec une dissipation contraire à la décence & au recueillement. Il y a cependant une étrange disparité entre épanchement & profusion : l'ame s'évapore lorsqu'elle se livre à des joies immodérées ; & telle que d'agréables parfums, elle

ne fait qu'exhaler de douces in-
fluences, sans rien perdre de ce
qu'elle est, lorsqu'elle s'égaye dans
une honnête société.

Il y a une anatomie pour les
facultés intellectuelles, ainsi que
pour celles du corps; & lorsqu'on
les analyse, on trouve qu'elles ont
besoin d'un ressort qui les mette
en jeu, & qui les rende en quelque sorte élastiques. Or cette espece de vie, que nous nommons
gaieté, ranime l'esprit & le cœur,
de maniere que les sentimens &
les pensées semblent prendre une
nouvelle vigueur. Il n'y a plus de
dissonance entre l'entendement &
la volonté, plus de trouble dans l'i-
magination, mais une heureuse
harmonie qui tient l'ame comme

suspendue entre les passions & les sens. Les idées de l'homme gai , telles que l'or le plus pur , n'ont ni tache , ni alliage ; & celles des mélancoliques se rouillent , pour ainsi dire , par l'âcreté de leur humeur.

Ces réflexions nous engagent à distinguer deux especes de gaieté, qui sont en quelque sorte indépendantes de nous ; celle de tempérament , & celle de caractere : l'une provient de la disposition des organes, & l'autre de la tournure de l'esprit. Il suffit de fixer deux enfans presqu'aussitôt qu'ils viennent de naître ; ils paroissent également bien constitués , ils ont la même mere , & souvent sucent le même lait : & cependant celui-ci ne montre qu'un air chagrin & ne s'exprime que par des cris; au lieu que celui-là n'offre qu'un front serein, & ne laiſſe échapper que des ris qui annoncent une ame à ſon aiſe & charmée d'exiſter. Il faut bien que dans ce double individu, où il ne ſauroit encore y avoir aucune inquiétude ni aucun remord, il ſe trouve une ſorte d'organiſation qui influe ſur l'humeur, ainſi qu'une certaine maniere de percevoir les objets, qui afflige, ou qui réjouiſſe: & voilà pourquoi des perſonnes, quoiqu'à la ſource des biens & des honneurs, éprouvent un certain dégoût qu'elles ne peuvent définir; pourquoi des hommes, qui n'ont pour héritage que des malheurs, conservent une gaieté inaltérable.

Cependant, comme nous devons travailler continuellement à nous réformer, la réflexion doit triompher de la mélancolie, lorsque nous avons le malheur d'être nés tristes. La gaieté, quand on s'en fait une habitude, n'a jamais les mêmes agrémens que si elle étoit naturelle; mais elle plaît, parcequ'on aime la complaisance. Nous ne sommes jamais seuls, quand nous savons nous égayer. Toutes les beautés de la nature s'emparent d'une ame qui se développe, & les facultés de l'esprit & du cœur forment une conversation intérieure, mille fois plus agréable que tous les entretiens.

On ne sauroit croire jusqu'à quel point l'imagination & la gaieté se servent réciproquement : elles font deux aîles qui balancent l'ame entre la tristesse & la dissipation, & qui la tiennent dans ce juste milieu qu'on peut appeller le trône de la sagesse. L'imagination du mélancolique lui creuse des précipices où il se perd, au lieu que celle de l'homme gai lui ouvre des sentiers fleuris où il ne s'égare en apparence que pour mieux se retrouver. Si Mallebranche eût été moins content de son systême, & conséquemment moins gai, son imagination n'eût eu ni ce feu, ni cette beauté, que ses adversaires mêmes sont forcés d'admirer. Un Philosophe naturellement joyeux embellit tout, jusqu'aux horreurs ; & il n'y a pas jusqu'à la mort dont il ne di-

minue la difformité, par la maniere de la repréfenter.

C'eft la gaieté qui prend toutes
fortes de nuances & toutes fortes
de tons pour nous diftraire de nos
fatigues, pour engourdir nos douleurs, & pour rendre nos cœurs
l'afyle de l'innocence & de la tranquillité ; tantôt elle délie une langue, & l'on entend les plus agréables chanfons ; tantôt elle tire un
fon harmonieux de divers inftru-
mens, & l'on jouit de la plus mer-
veilleufe fymphonie ; tantôt elle
électrife les efprits, & l'ame s'é-
chappe, pour ainfi dire, en étincelles ; tantôt elle colore les objets,
& tout reprend une nouvelle face.
Ainfi, lorfque les rayons du Soleil
viennent à percer & à fe répandre

A vj

sur la campagne, les forêts semblent
reverdir, les fleuves s'argenter, &
toute la terre s'enluminer.

Les yeux de l'hypocondre n'apperçoivent qu'un crêpe lugubre
qui leur dérobe les charmes de l'U-
nivers; mais la gaieté découvre juf-
que dans la moindre fleur des nuances imperceptibles : elle diffipe l'humeur & l'ennui, ces deux fléaux
du genre humain, pour leur fubf-
tituer un certain bien être qu'on
fent beaucoup mieux qu'on ne peut
définir. Délices de la folitude, délices de la Société, elle fe modifie
felon les lieux & les tems, & fe
prête à toutes les fituations de la
vie : ce font fes agrémens qui confolent les captifs dans leurs prifons,
qui foulagent les malades au milieu

de leurs douleurs , qui rendent les
pauvres infenfibles à leurs miferes ,
& qui font trouver , jufques chez les
Peuples les plus barbares , une maniere de s'amufer.

O vous , qui bizarres dans vos
goûts , fermez vos cœurs à la gaieté , & ofez la confondre avec la frivolité , vous êtes des ingrats ! Ne
font-ce pas fes charmes qui ont em-
belli ces jardins que vous admirez ,
ces maifons dont vous jouiffez , ces
tableaux que vous contemplez? La
gaieté feule a répandu cet air riant
qui orne les Villes , qui décore les
campagnes , & qui lie les hommes
fans contrainte & fans art. Epan-
chons donc notre ame , puifqu'elle
eft un épanchement ; & nous n'é-
prouverons plus ni cette fechereffe

de cœur, ni cette inquiétude d'esprit, qui nous rendent froids, indifférens, & presqu'ennemis de nous-
mêmes. Laissons certains Peuples
s'applaudir de leur taciturnité, &
la prendre pour la quintessence du
bon sens & de la Philosophie : on
n'est aimable qu'autant qu'on se
communique, & que la gaieté devient l'interprête du cœur.

Que je plains les hommes qui
ne savent pas profiter de leur imagination, cette faculté brillante,
dont l'usage modéré détruit les
chagrins, & paroît multiplier l'a-
me. Agile, féconde, sublime, elle
se transporte sans s'arrêter, elle
produit sans s'épuiser. Mille idées,
toujours à ses ordres, s'élancent,
se dispersent, font le tour du mon-

de, & vont s'attacher à des chofes
mêmes qui n'exiſtent pas. Combien de fois l'imagination ne nous
a-t-elle pas repréſenté des objets
ſeulement poſſibles, & réaliſé des
ſonges qui endormoient nos douleurs ! Nous avons beſoin de ces
heureuſes illuſions pour ne pas ſuccomber aux miſeres de cette vie,
& pour trouver agréables la plupart des plaiſirs que nous goûtons :
ce ſont des reſſources, que la Providence toujours attentive nous a
menagées contre les caprices du
tems & du ſort, & dont on doit
ſe ſervir d'autant plus volontiers
qu'on n'eſt heureux que lorſqu'on
croit l'être. Chacun crie contre
l'imagination, & chacun l'admire, parcequ'on ne peut s'empêcher

de reconnoître qu'elle renferme des tréfors. Ce préfent qui difparoît, cet avenir qui s'ouvre, ces efpérances qui confolent, ces Poéfies qui enchantent, cette mufique qui ravit, font fon unique ouvrage. Partout elle feint, elle invente, elle perfectionne, pour occuper & pour amufer : fans fes charmes le monde redevient cahos, & la gaieté n'a point occafion de produire fes agrémens, ni de les faire valoir, & les hommes n'ont plus d'autre exiftence que l'ennui, cette furdité générale qui abforbe les fens, les paffions & l'ame même.

CHAPITRE II.

Des différentes sortes de Gaieté.

LA gaieté est presqu'aussi variée que les visages : il n'y a pas deux personnes qui se réjouissent également. Les ris semblent être à l'unisson, les physionomies s'épanouir indistinctement, & cependant chacun éprouve un plaisir qui n'est pas celui du voisin. Mais oublions ces nuances presqu'imperceptibles, & parcourons ces diverses classes de gaieté que les âges & les conditions différencient.

Je commence par la gaieté des enfans, & je dis qu'il n'y en auroit pas une plus desirable, & plus réelle, si la réflexion étoit de la partie. Ils n'ont ni les embarras du ménage, ni les soucis de l'ambition, ni la crainte des revers, ni les terreurs de la mort; ils ne pleurent que pour rire presque au même instant, avec plus de satisfaction : on les voit au milieu de leurs petits jeux & de leurs petits entretiens, sur - tout lorsque cela se fait à leur insçu, déployer une ame dont la tranquillité ravit ; ils paroissent, malgré leurs mouvemens colériques qui s'élevent de tems en tems, n'exister que pour se réjouir, au lieu que nos joies ne percent qu'à travers des études, des affaires, & des embarras.

La gaieté des jeunes gens, beaucoup plus turbulente, & souvent bouffonne, dépend de la circulation du sang : s'il bouillonne, ils se livrent à l'amour, ou ils se passionnent pour la guerre ; s'il pétille, ils recherchent les saillies, les ouvrages d'esprit, & sur-tout les pieces de théâtre où il y a de l'enthousiasme & du feu ; s'il coule tranquillement, ils deviennent paresseux, & quelquefois philosophes. Mais où trouver un pinceau qui puisse bien crayonner la gaicté qu'on goûte à l'âge de vingt ans ! C'est une complication de tant de desirs, & de tant d'idées, qu'on ne peut en débrouiller le cahos. Ce qui fait rire le matin, afflige le soir ; & l'humeur, comme un thermometre, hausse ou baisse à tout instant.

La gaieté relative à l'âge viril est certainement la moins équivoque : on en juge, parcequ'on la sent; au lieu que, dans le tourbillon de la jeunesse tout nous distrait d'un retour sur nous - mêmes. Je sais que les soins de la vie & les inquiétudes de l'esprit sont un contrepoids qui empêche l'ame de se réjouir : mais comme c'est le tems de la raison, on se fait un système de félicité qu'on tâche de rendre indépendant du cours des événemens. Ressource heureuse, qui engage à dévorer les chagrins, à se rejetter sur les espérances lorsque la réalité manque, & à se représenter l'avenir lorsque le présent afflige !

Les vieillards, nécessairement

voiſins de la mort, & preſque toujours environnés d'infirmités , ne
ſauroient avoir qu'une gaieté d'habitude; ils ne rient, qu'autant qu'ils
ont ri pendant leur vie. Il ne pa-
roîtroit pas naturel qu'un âge pe-
ſant par lui-même, & qui n'offre
que des ſymptomes affligeans, de-
vînt l'occaſion des plaiſirs : il eſt
leur tombeau ; comment ſeroit-il
leur berceau ?

La gaieté des mourans, car il
en eſt une, vient d'un grand fond
de Religion, ou d'une grande inſenſibilité qu'on peut appeller folie,
On voit plutôt l'une, que l'autre ;
parcequ'il n'eſt pas naturel à l'homme de finir comme la bête, ſans
rien craindre, & ſans rien eſpérer.

Paſſons maintenant aux différentes eſpeces de gaieté, qui ſont preſqu'inſéparables des conditions. Dans tous les états, la vraie vocation fait la vraie gaieté ; autrement on n'a que des ris de contrainte, de complaiſance, ou d'uſage, qui n'arrivent point juſqu'au cœur. Les Cours nous ouvrent ici un vaſte champ, ſi nous voulons obſerver les joies feintes & les ſentimens ſimulés. Les Princes & les Courtiſans s'accrochent à trop de choſes fragiles, & à trop de plaiſirs momentanés, pour jouir de cette gaieté pure qui fait les délices du Sage : ils voudroient que leur cœur éprouvât à chaque inſtant l'impreſſion de toutes les voluptés ; & comme cela ne ſe peut, ils ne ſentent que du dégoût & de l'ennui. Il n'y a dans l'Univers que des plaisirs épars ; on se prépare nécessairement des chagrins, lorsqu'on s'efforce d'en trouver la réunion. D'ailleurs le vuide de l'ame ne sauroit être rempli par des biens terrestres, quelqu'aimables & quelque multipliés qu'on les suppose. Les Grands en conséquence qui sont presque tous avares ou ambitieux, jouissent bien moins en possédant, qu'en espérant, & leur gaieté est souvent contredite & déconcertée par l'ennui. Ajoutez que l'imposture & l'orgueil, qui s'insinuent dans tous les recoins des Cours, ne laissent point de place commode à la gaieté, qui veut être à son aise, & qui n'existe qu'au milieu des ris sans prétention, sans fierté, sans grimace, sans apprêt.

Le cérémonial des Grands étouffe les jolis propos, ainsi que les converſations, où doit regner une honnête liberté. Crainte de manquer à l'étiquette, on manque au plaiſir ; & le ſignal de la grandeur devient celui de l'embarras & de la taciturnité : perſonne n'oſe rire, parceque perſonne n'oſe ſe compromettre.

La gaieté des riches ſeroit bien la meilleure, s'ils ſavoient ſe borner, & jouir d'une maniere honnête ; mais leur opulence entraîne mille paſſions & mille projets. Tant qu'il reſte quelque ſuperflu à acquérir, & il en reſte toujours, ils oublient tout ce qu'ils ont, pour n'enviſager que ce qu'ils n'ont pas ; & c'eſt ainſi que la pauvreté ſe ſaiſit des riches mêmes encore plus fortement

tement que des malheureux, &
qu'ils se trouvent terriblement in-
digents au milieu de leurs trésors.
D'ailleurs les riches, presque toujours avares ou prodigues, n'ont
qu'une gaieté qui va & vient comme leur argent.

Les pauvres les plus misérables
ont aussi leur gaieté, & qui, par
une juste compensation de la Providence, est vive à proportion de
leurs chagrins. Mais comme ce
n'est qu'une situation forcée, &
qui n'a lieu que par intervalles, on
doit plutôt appeller cette joie une
ivresse, ou un transport, qu'une
véritable gaieté : bientôt les besoins
se font sentir, les peines renaissent,
& le plaisir s'oublie, comme on
avoit oublié la douleur.

B

Les dévots, qu'on doit toujours distinguer des personnes pieuses, depuis que l'usage a établi cette différence, ne font joyeux que par distraction. Leurs scrupules mal entendus, leurs minuties toujours incommodes, resserrent leur cœur, en rétréciffant leur esprit ; presqu'auffi-tôt qu'ils commencent à rire, ils paroiffent déja s'en repentir. Le respect humain devient un nouvel affujettiffement qui les gêne : crainte de compromettre leur réputation, ils n'ofent s'égayer ; auffi n'eft-ce qu'avec un ton pédantefque ou langoureux qu'ils s'annoncent dans la Société, fâchés de ce que les plaifirs qui ne font fouvent ni de leur goût, ni de leur état, fubfiftent encore.

Les Beaux-Esprits n'ont qu'une gaieté d'imagination, mais qui a besoin d'être excitée, & qui souvent ne veut pas se produire, par jalousie, ou par vanité. Ils ont honte de rire comme tout le monde, ou d'applaudir à des bons mots qu'ils n'ont pas dits, parcequ'ils se croyent les seuls êtres qui doivent réunir les suffrages & donner le ton. Ainsi, victimes de leur orgueil, ils dévorent en secret quiconque se fait admirer, & ils ne s'égayent que dans les cercles où l'on est assez complaisant, & peut-être assez stupide, pour les encenser.

Les vrais Savants au contraire ne goûtent de satisfaction réelle que lorsqu'ils se concentrent en eux-mêmes, parce qu'ils ne con-

noiſſent de plaiſir que celui d'ana-
lyſer, de calculer, ou de métaphy-
ſiquer : ſi on les tire de cette ſphe-
re, on s'apperçoit qu'ils ſont em-
barraſſés, & que leurs ris n'exiſtent
que ſur leurs levres. Ainſi leur
gaieté n'eſt bonne que pour eux,
à moins qu'ils n'ayent l'uſage de
fréquenter le monde par beſoin
& par réflexion : alors, plus badins
que les autres, ils deviennent preſqu'enfants ; mais ce n'eſt qu'à deſſein de reprendre les études ſérieu-
ſes avec plus de goût, plus de courage, & moins de diſtraction. Voilà
pourquoi Mallebranche dit très-ju-
dicieuſement que les récréations
d'un Philoſophe doivent avoir quelque choſe d'enfantin, pour qu'il
n'en reſte aucune trace dans ſon

cerveau : aussi jouoit-il aux épingles.

Les femmes rient ordinairement plus volontiers que les hommes, parce qu'elles s'amusent de choses plus élégantes, parce que l'hommage qu'on leur rend les encourage à dire tout ce qui leur plaît, & parce que leurs propos sont ordinairement sans conséquence. L'homme retient souvent une saillie, dans la crainte d'une mauvaise affaire, tandis que le sexe hazarde ce qu'il veut. Je sais que la trop grande sensibilité des femmes nuit souvent à leur gaieté, & qu'il ne faut que la vue d'une araignée, ou la mort d'un oiseau, pour les déconcerter, les allarmer, & les effrayer : mais accoutumées presqu'en naissant à dire des choses agréables, elles contractent une gaieté naturelle, & rient de meilleure foi que nous; leur colere plus prompte, & bien moins opiniâtre que la nôtre, paſſe comme une giboulée, & fait place à la ſérénité : cependant cette gaieté n'eſt point aſſez conſtante pour être citée comme exemple, & enviée comme bonheur.

Les Bourgeois, parmi leſquels je comprends les Artiſtes & les Marchands, ont une groſſe gaieté qui charme, parce qu'elle n'eſt point raffinée. On deſire être à leur place, lorſqu'on les voit dans leurs parties de plaiſir rire ſans réſerve, & ſe prodiguer, pour ainſi dire, ainſi que leur argent; car alors ils ne penſent qu'à ſe dédommager

amplement de leurs fatigues paſ-
ſées. Il ne manque qu'un peu de
Philoſophie à cette maniere de s'é-
lever au-deſſus des pertes & des
événements, pour rendre une telle
gaieté unique & deſirable; & lorſqu'on a le bonheur de la poſſéder,
on peut dire, à raiſon de la médiocrité qui fait la baſe des Profeſſions
bourgeoiſes, qu'on eſt vraiment
heureux.

Le peuple, toujours inconſtant,
& toujours trop ſuſceptible d'im-
preſſions ridicules & triviales, n'a
qu'une gaieté d'accès, qui, comme
la fievre, eſt tantôt plus ardente, &
tantôt plus tempérée. Si on ne
l'obſerve que lorſqu'il chante, &
lorſqu'il boit, on le croit la Con-
frairie des heureux : mais ſi on le

suit dans les détails du ménage, &
dans le cours de la vie, bientôt on
remarque une humeur difficile &
acariâtre, qui engendre les plus
horribles propos & les scénes les
plus pitoyables. Les petits se bat-
tent comme ils s'embrasłent, &
grondent comme ils rient, avec la
même fougue & les mêmes tranf-
ports.

Les gens de la campagne semblent nés pour avoir la gaieté en
propre, comme un fonds qu'on ne
peut leur ravir; cependant, malgré leurs danses, leurs repas &
leurs fêtes, qui sont le vrai sym-
bole de la joie, & le modele de
tout Peintre qui veut exprimer les
plaisirs innocents, on peut dire
qu'on ne trouve plus dans les Vil-

lages ce même contentement, ni cette même sérénité. La décadence des mœurs, ainsi que la nécessité des impôts qui croissent de jour en jour, répandent sur les campagnes un certain morne dont les anciens Bergers auroient été allarmés ; d'où je conclus qu'il faut quelque chose de plus que la simplicité, pour produire une gaieté continuelle & indépendante des événements. Cela est si vrai, que dans le tems même où la candeur se faisoit encore aimer, & où les Paysans se délectoient à cueillir une violette, à surprendre un oiseau, à répéter leurs plaisirs sur des chalumeaux, ils n'éprouvoient pas toujours une joie pleine & entiere ; il ne falloit que la vue de leur Seigneur, ou

B 5

l'aspect de son château, pour leur faire croire qu'ils n'étoient pas les heureux : aussi Virgile dit très sagement, que les Laboureurs seroient les hommes les plus fortunés, *s'ils connoissoient leur bonheur.*

Les sots s'amusent de tout, & ne s'amusent de rien ; leur esprit n'a ni assez de consistance, ni assez de pénétration, pour bien percevoir & bien sentir. Ils s'imaginent que, pour se réjouir, il ne s'agit que de remuer les levres & de faire du bruit ; ainsi toutes les sociétés leur sont égales, & ils deviennent amis de la premiere personne qu'ils rencontrent. J'avoue que ces sortes d'êtres sont en quelque maniere heureux, mais à la façon des animaux qui s'attroupent, crient, &

ne réfléchiffent point. Il ne faut pas les confondre avec les igno-rants, dont la gaieté trouve fouvent fa place dans la Société, quoiqu'elle ne foit jamais piquante.

Les libertins, que je devrois omettre, puifque leur gaieté ne mérite pas ce nom, voltigent de plaifirs en plaifirs, fans jamais faifir ces inftants heureux qui font le bonheur de la vie. Ils ne fe ré-jouiffent jamais, parce qu'ils veulent toujours fe réjouir; & les amu-fements n'étant que des moments rapides, les intervalles qui fe trou-vent entre les Spectacles & les Bals leur femblent des fiécles : auffi les voit-on d'une impatience furieufe fi leurs rendez-vous retardent feule-ment d'une minute. Mais outre ce la, comme ils veulent toujours être ailleurs que là où ils sont, ils n'ont jamais qu'un quart d'eux-mêmes qu'ils puissent abandonner à leurs divertissements & à leurs sociétés. S'ils courent à la chasse, ils pensent aux spectacles; s'ils vont au Théâtre, ils s'occupent du jeu; ils ne vivent qu'en partie, & toujours à contre-temps. Peut-on n'être pas malheureux, lorsque les passions prennent la place de l'ame & de la raison?

Quant aux incrédules, ces extravagants qui n'admettent point d'autre ame que la circulation du sang, d'autre Dieu que la nature, d'autre autorité que leur opinion, ils n'ont ni joie, ni paix, qu'autant qu'ils engourdissent leurs remords;

& cette situation est l'état d'un malade qui ne sent plus son mal. Chez eux la raison devient instinct, la Loi préjugé ; de sorte qu'à la maniere des brutes, il n'y a plus que leurs pouls & leur digestion qui décident de leur félicité : s'ils digerent bien, ils sont contents de l'ordre de cet Univers, & ils osent presqu'avouer un Etre suprême ; au lieu que, si le contraire arrive, ils crient que tout est mal, & se déchaînent contre la Religion, à moins que le tonnerre ne vienne à gronder.

Il est aisé de reconnoître, après ces différents tableaux que je viens d'ébaucher, qu'il faut à l'ame quelque chose de plus que les honneurs, les richesses, les plaisirs, &

même la joie, pour éprouver une
véritable gaieté. Une certaine Philosophie, que j'aurai soin de définir,
doit être la base de nos satisfactions, qui ne font durables qu'autant qu'elles font raisonnables. Ce
n'étoit que pour en venir là, que
j'ai parcouru successivement les différentes classes de gaieté. Si l'on
ne s'accorde pas également à reconnoître la justesse de mes réflexions, je n'en serai nullement
surpris; tous les hommes n'ont pas
les mêmes yeux.

CHAPITRE III.

De la Gaieté philosophique.

LE mot Philosophie se prend en divers sens; mais comme nous n'en voulons point abuser, à l'exemple de nos beaux esprits, nous le rendrons à sa propre signification, & nous dirons qu'on n'est Philosophe qu'autant qu'on étudie la sagesse, qu'on se dépouille des préjugés, qu'on conforme sa vie à la Religion, qu'on ouvre l'avenir pour envisager le souverain bonheur, qu'on se contente de son sort, qu'on se fait un systême de félicité indépendant des biens, des honneurs, des événements, & même de la santé, qu'on cultive les de-

voirs de citoyen & d'ami, qu'on fait
fupporter le commerce des hommes, & s'en priver, commander
enfin à fes paffions, & s'en détacher.

Quiconque arrive à cette perfection, & chacun doit y tendre, aura
veritablement cette gaieté dont
nous voulons tracer une image. Il
faura rire & pleurer, moralifer &
badiner, étudier & jouer, être fo-
ciable & méditatif, agiffant & tranquille, ferme & complaifant, politique & fincere, humble & fubli-
me : il faura trouver dans fon ame
les moyens de concilier les bienféances du monde & les devoirs de
l'Evangile, l'amour de fa famille &
le renoncement à foi même, l'indifférence & la fenfibilité, l'élévation & l'affabilité : il faura s'élever

avec les Philofophes, ramper avec les ignorants, parler de riens avec les femmes du monde : il faura braver la fortune fans la méprifer, attendre le lendemain fans le defirer, envifager la mort fans la méprifer ni s'en effrayer : il faura ufer des biens comme n'en ufant pas, vivre fur la terre comme n'y étant pas : il faura interroger les morts, pour fe garantir de la malignité des vivants ; fe faire une folitude au fond de fon cœur, pour fe retrouver & pour fe voir ; fupporter les défauts de fes freres, pour qu'on tolere les fiens ; pleurer avec ceux qui pleurent, & rire avec ceux qui rient ; ouvrir enfin fa bourfe & fon cœur pour honorer l'humanité.

Tout devient amufement à l'hom-

me qui peut profiter de lui-même :
il rit en inſtruiſant ; & ſa vie , toute
partagée en idées utiles & agréables , en penſées riantes & ſolides ,
en deſirs joyeux & ſages , coule
auſſi doucement qu'un ruiſſeau qui
ſerpente au milieu des fleurs. On
ne trouve des gens atrabilaires &
chagrins , que parce qu'on ne connoît point les reſſources de l'ame :
on la laiſſe en ſoi-même, comme le
feu au ſein d'un caillou ; on ſe livre tout entier aux ſens qui n'ont
qu'une gaieté momentanée , parce
que bientôt ils ſe laſſent de voir &
de reſpirer ; on ſe confie tout ſim-
plement à des ris forcés , parce
qu'on tient ordinairement le cœur
loin de l'eſprit; on s'ennuie par-tout
où l'on ſe trouve , parce qu'on s'y

tranſporte avec des paſſions in-quietes & turbulentes.

La gaieté philoſophique ouvre l'ame à nos yeux, nous la montre telle qu'elle eſt, & l'enrichit de tous les agrémens qui ſont per-mis, & qu'elle a ſoin de recueillir. Elle dépouille les fleurs de leurs beautés, les champs de leur ver-dure, les aſtres de leur clarté, pour s'en faire une image qu'elle ſe repréſente, lorſque quelque ob-jet fâcheux l'incommode & l'affli-ge; elle dérobe les penſées d'un Au-teur, & quelquefois les expreſſions d'un Savant, pour ſe les rappeller lorſque le beſoin l'exige, & s'en ſervir contre l'inconſtance du ſort, ou contre les paradoxes du genre humain; elle oublie le préſent &

le paſſé lorſqu'ils lui ſont défavo-
rables , pour ſe repréſenter un avenir plus gracieux , & ſe former une
perſpective capable de diſtraire &
de conſoler : elle ſe tranſporte en
idée dans les endroits qui lui ont
plu , & elle ſe ſait bon gré de ſavoir rire au milieu de tant de perſonnages triſtement ſuperbes qui
s'applaudiſſent de leur gravité. Je
ſouhaite que ce langage ne ſoit pas
inintelligible à mes Lecteurs , &
qu'ils éprouvent cette ſatisfaction
que je m'efforce de peindre , &
dont la plupart des Grands n'ont
pas la moindre idée. On aura beau
chercher le bonheur ; ce ne ſera jamais que ſon ombre qu'on pour-
ſuivra , ſi l'on n'acquiert cette gaieté
raiſonnée dont le Sage fait ſes déli-

ces, & qu'il préfere à tous les tréfors.

Qu'il me foit permis de me plaindre ici de la lenteur de mon efprit, lui qui ne peut décrire d'une maniere affez énergique ces ris que l'ame recele en elle-même, & qu'elle déploye fur le vifage des Philofophes lorfqu'ils ont befoin de fe réjouir. Quelle aménité ! quelle candeur ! C'eft alors qu'on fent le prix de ces Sociétés innocentes, où l'efprit, avoué par le cœur, ne laiffe échapper que d'heureufes faillies, que d'agréables propos, que des difcours intéreffants ; de ces Sociétés, où la raifon fans autorité, & le favoir fans pédanterie, femblent toujours être de l'avis de tout le monde, où l'ame enfin ſe trouve à l'aiſe, & communique ſa ſatisfaction.

C'eſt par la réflexion, qu'on diſ-tingue la gaieté philoſophique de ces joies inſipides qui n'ont ni prin-cipe ni objet; & c'eſt par une igno-rance de ſoi-même, qu'on oſe croire & ſoutenir que la raiſon nuit à la gaieté. Mais faut-il donc ſe réjouir en bête, pour pouvoir s'amuſer? Eh quoi! il ſera triſte & déſagréa-ble de penſer que cette vie n'eſt qu'une ſcene de théâtre; que notre ame immortelle ne doit dépendre ni du temps, ni du ſort; que tous les événements ſont prévus par une Sageſſe infinie, qui fait tout pour le mieux; que les tirans les plus deſpotiques n'ont point d'em-pire ſur nos penſées ni ſur nos defiirs ; que nous avons un magasin inépuisable d'idées, qui font le plus précieux des tréfors ; qu'il n'y a pas un grain de fable dans l'Univers, ni un insecte, qui ne puissent nous amufer, & nous occuper ; que le plus malheureux des hommes jouit du même foleil, & a les mêmes fenfations, que le plus puissant Monarque ; que tous les revers ne font que le fonge d'une nuit, en comparaifon de l'Eternité; que dans quelqu'humiliation qu'on vive, on eft grand, fi l'on fait bien penfer ; que le bonheur n'a befoin ni de biens, ni d'honneurs, mais de la maniere d'envifager les objets; que la Société nous procure à toute heure mille avantages & mille confolations, que le plus ſimple Particulier a droit de s'approprier ; que l'étude eſt une ſource de délices pour quiconque en veut profiter ; que la ſcience, ainſi que la vertu, ſont des richeſſes, dont la cabale ni l'envie ne ſauroient nous dépouiller ; qu'enfin la mort nous ouvrira le Sanctuaire de la Divinité ? Voilà les idées que fournit la réflexion : peuvent-elles affliger, ou plutôt ne doivent-elles pas réjouir & conſoler ? On ne s'attriſte que parce qu'on ne ſait pas penſer ; & le libertin, qui veut s'étourdir ſur ſon être & ſur ſa deſtinée, n'eſt qu'un animal qui ſuit brutalement un miſérable inſtinct.

Le beſoin n'eſt pas moins eſſentiel à la gaieté philoſophique, que la réflexion. Il y a long-temps qu'on a dit que le travail étoit le pere du plaisir. Les joies du monde n'ont rien que de ridicule & de forcé, parcequ'elles naiſſent du deſœuvrement & de l'ennui. Lorſque les idées abſtraites diſparoiſſent, & que les ſciences & les affaires nous quittent, après nous avoir, pour ainſi dire, abſorbés, l'ame, dépouillée de l'attention qui la captivoit, s'élance, & ſaiſit le moindre propos pour s'en faire un agréable paſſe - tems. Les bagatelles, quand on s'en occupe continuellement, ſont de miſérables riens : mais ces riens deviennent précieux, ſi-tôt qu'on ne s'applique plus. Si c'eſt une folie de s'y livrer, c'eſt une ſageſſe de ſavoir s'en amuſer. Mais les hommes incapables d'application ne

C

peuvent comprendre ce langage.
Comme ils n'ont jamais senti cette
situation de l'ame qui a besoin de
repos, ils traitent d'extravagance
la conduite d'un Philosophe qui
joue & qui rit : ils ne savent pas
que l'esprit a besoin de se renouveller par une espece d'inaction,
comme le corps par le sommeil ;
& ils se persuadent que leur vie,
qui n'est qu'une honnête végéta-
tion, doit servir de modele à tout
homme qui s'applique & qui
pense.

Si l'on connoissoit bien son ame,
& si l'on travailloit à s'approfondir, on découvriroit qu'elle a ses
abstractions, ses rêves, ses saillies,
ses écarts, comme le ciel a ses
nuages, ses brouillards, ses lueurs,

ses éclairs ; & que la diversité de ces situations, employées à propos, forme l'harmonie du monde physique & moral. Mais il y a des ames, qui, toujours opaques, se scandalisent & s'allarment lorsque la sérénité paroît sur quelque visage : elles appellent en témoignage une certaine humeur, qu'elles prennent pour de la raison, ou pour de la piété ; & alors, sans égards, elles se déchaînent contre les ris les plus innocens. Il faut plaindre ces sortes d'êtres, & même les éviter ; car leur conversation, toujours austere, toujours guindée, jette dans une espece de léthargie qui engourdit l'esprit & le cœur.

Heureux l'homme, qui content de son sort, & du pays qu'il habite, fait rendre fa vie agréable par une maniere de penfer, qui, toujours la même, rejette les chagrins comme des tentations, & ne s'attache qu'à des objets confolans ! Ce n'eft qu'en fe faifant un pareil fyftême de félicité , qu'on fe foutient au milieu des troubles & des maux qui nous inveftiffent ; & voilà pourquoi je nomme gaieté philofophique, ce contentement de l'ame, qui n'eft altéré ni par des remords, ni par des inquiétudes.

Je ne prétends pas que cette gaieté foit un art : par - tout où fe trouve la contrainte , il n'y a point une vraie fatisfaction. On ne rit jamais bien, que lorfqu'on rit fans préparation & fans effort. La véritable joie naît de l'à-propos, de certains hazards qu'on n'a pu prévoir ; en un mot, elle est *l'impromptu* du cœur, comme les saillies font celui de l'esprit. Mais cela n'empêche pas que pour s'égayer d'une maniere intéressante, il ne soit néceffaire de s'accoutumer à un ton d'aménité qui influe fur toutes les actions ; il faut toujours favoir pourquoi on fe réjouit, pouvoir rendre raifon de fa gaieté, & trouver en foi-même à tout inftant ces confolations aimables que fournit la vraie Philofophie : autrement on rit à l'aventure, felon la méthode des fots, & l'on fait voir un vifage animé qui contrafte avec une ame engourdie.

C'eft donc bien à tort qu'on fuppofe la Philofophie ennemie de la gaieté , elle qui ne connoît le plaisir d'être que par celui de penser , qui sent que les biens & les maux doivent être indifférents à une ame immortelle, qui ne s'afflige que de la mauvaise conscience, qui fait que la tristesse ne sert à rien qu'à troubler la paix & la santé , qu'on est toujours heureux lorsqu'on s'abandonne à cette Providence immuable qui ne dort jamais , & que la mort n'est qu'un passage à la véritable vie.

La gaieté philosophique est de tous les états , quoique ce soit une gaieté d'esprit & de sentiment , parcequ'il n'y a point d'homme qui, par le secours de son imagination & de son cœur, ne puisse se faire un bonheur. Il est un calcul naturel que chacun peut employer à supputer ses biens & ses maux, afin de n'en extraire que ce qu'il faut pour se soutenir entre la tristesse & la dissipation. C'est dans ce juste milieu qu'existe ce contentement, dont jouit toujours le Sage : car on doit se convaincre que la gaieté, telle que nous la définissons, ayant la sagesse pour appui, ne se détermine, ni par le caprice, ni par l'humeur : elle fait ses délices de se ressouvenir, d'espérer, d'imaginer, lorsqu'elle n'a pas d'autre objet qui l'amuse, de même qu'elle prend plaisir à jouer ou à discourir quand elle se trouve en société.

Les joies profanes n'existent que par intervalles ; mais la gaieté

philofophique , quoique plus ou
moins vive felon les circonftan-
ces, fe conferve toujours au fond
de l'ame , prête à éclorre au moindre fignal. Les hommes qui rient
à toute force , fans befoin & fans
réflexion , n'ont pas même le coloris de la félicité. Ah, que ne puis-
je ouvrir ici le cœur du Sage , ce
fanctuaire où regnent la candeur
& la paix ! Vous verriez que , toujours bien avec lui-même, il n'a
point d'inftant qui trahiffe fa férénité : vous verriez qu'au moment
de fes plus grandes occupations, il
ne perd point l'idée de fon bonheur ; que malgré l'épuifement de
fon efprit , il goûte le plaifir de
penfer avec une efpece de fenfua-
lité : vous verriez que toujours au-

deſſus de l'Univers , & au-deſſous
de l'orgueil , il défie tous les revers
de pouvoir le troubler ; qu'il ſait
ſe multiplier lorſqu'il eſt ſeul , &
s'iſoler lorſqu'il ſe trouve en compagnie , rire enfin avec lui - même
bien mieux qu'on ne rit au ſpecta-
cle & au bal.

Il ſemble qu'Horace avoit en-
trevu cette gaieté philoſophique ,
lorſqu'il a dit que le Sage verroit ,
ſans pâlir , l'Univers s'écrouler.
L'ame des vrais Philoſophes eſt
un firmament qui ne préſente de
toutes parts qu'une aimable clarté ; tandis que la joie des libertins,
comme ces lumieres boréales qui
brillent & s'éteignent tout-à-coup ,
ne laiſſe à ſa ſuite qu'une affreuſe
obſcurité. La mauvaiſe conſcience

C v

reprend ſes droits, & les remords
ſe hâtent de ſuccéder à la diſſipation qui ſembloit devoir toujours
durer. Les ſens de l'homme profane ſont trop diſtraits pour lui
laiſſer le tems de goûter aucune
ſatisfaction.

Je vais paſſer pour un Ecrivain
à paradoxes, ſi j'avance que les anciens Philoſophes n'eurent point
la gaieté philoſophique dont je
viens de parler ; mais n'importe,
pourvu que je diſe la vérité. Oui,
Démocrite lui-même, ce Sage bizarre, ne fut, malgré ſes ris conti-
nuels, qu'un fantôme de gaieté : il
ne rioit que par orgueil & pour
ſe faire une réputation d'un genre
ſingulier, & il ne faut rire que par
délaſſement, & ſans paſſion. D'ail

leurs, la Religion des Payens n'ayant point cette bafe que nous trouvons dans la nôtre, ils ne purent fentir certaines joies que nous éprouvons, parceque le cœur ne s'ouvre réellement que pour la vérité : on fent que fa capacité n'eft pas remplie, fi-tôt qu'on fe repofe ailleurs que dans le vrai Dieu. Cette remarque ne vient point ici d'une affectation pour la moralité : mais elle eft amenée tout naturellement par le fujet. On pourra contredire ce que j'avance, fi l'on ne fait que me lire ; mais on avouera que j'ai raifon, fi l'on fe fonde & fi l'on s'interroge.

En effet, toute gaieté qui ne porte point fur la Religion doit être néceffairement mobile, &

C vj

conséquemment toujours prête à s'évanouir. Les honneurs finissent, les plaisirs s'usent, les fortunes se renversent, les amitiés se rompent, les passions s'épuisent, les sociétés se brouillent, les fêtes se passent, la jeunesse s'enfuit, la santé s'altere ; & conséquemment on ne peut être réellement gai, si l'on n'a pas d'autres points d'appui que ces étais. L'ame, n'étant ni terrestre, ni mortelle, doit nécessairement, pour être heureuse, rechercher des plaisirs qui lui soient analogues. Telle est la joie que nous voulons désigner, & que nous avons uniquement en vue dans tout cet Ouvrage ; nous prions nos Lecteurs de vouloir s'en souvenir.

CHAPITRE IV.

La Gaieté s'accorde parfaitement avec la Vertu.

LE monde est quelque chose de bien bizarre, & de bien inconséquent ; il ne peut souffrir la vertu lorsqu'elle paroît austere, & il se scandalise lorsqu'elle rit. Si l'on se décidoit par principes, on sauroit que, selon l'Ecriture, la tristesse n'opere rien de bon ; qu'on n'est heureux qu'autant qu'on participe à cette Philosophie Chrétienne qui charme l'esprit & le cœur; qu'à chaque jour suffit sa peine, & qu'il faut sans cesse se réjouir dans le Seigneur.

Si nous fixons ces hommes vénérables dont la cendre vit sur les Autels, avec quelle ardeur ne faisoient-ils pas éclater cette satisfaction vive & pure que l'hypocrisie ne peut imiter, & qui suppose nécessairement un cœur droit & tranquille ! ils portoient un air de sérénité jusques sur les échafauds, au point que les Tyrans en étoient désespérés, & qu'ils s'efforçoient de faire rider des visages où l'image du Ciel paroissoit empreinte.

Le suprême Législateur daigna employer quelquefois l'ironie, manger avec les Publicains, assister aux noces, se plaire dans la compagnie du Disciple bien-aimé, & jamais il ne condamna les Symphonistes qui se trouverent chez

les morts qu'il ressuscita. L'Apôtre
ne cesse de crier qu'il faut se réjouir chrétiennement, rire avec
ceux qui rient, & être sage avec
sobriété. Un Auteur célebre dit
que Jean-Baptiste jouoit dans les
déserts avec les serpens ; & la Tra-
dition nous apprend que Jean l'E-
vangéliste s'amusoit avec une per-
drix. Saint Jerôme badine souvent
dans ses Lettres ; Saint Augustin a
composé un Traité sur la Musique
& sur l'Amitié ; & plusieurs Saints
prirent plaisir à la Poésie. Les Peres des déserts s'occupoient à faire
des corbeilles, & à apprivoiser des
animaux ; & on lit dans l'Histoire
Ecclésiastique, que saint Paulin,
Evêque de Nole, retiré à cinq
cens pas de la Ville, s'appelloit en

riant le Concierge d'une petite Eglise, & que tous les ans il travailloit un Poëme à son honneur. Rien n'est plus agréable à lire que les Refus de saint Grégoire de Naziance, lorsqu'il ne voulut pas accepter l'Evêché de Sasime : il écrit à saint Basile que ce Diocese n'est qu'un passage habité de gens ramassés, plein de bruit & de misere, sans eau, sans verdure, sans aucun agrément; & qu'il ne se presse pas d'y aller, parceque sa plus grande affaire est de n'en point avoir, & de se reposer.

Il n'y a point d'Ordre Religieux, quelqu'austere qu'on le suppose, qui n'ait des heures de récréation; & les Chartreux mêmes, ces Solitaires si édifians, qui n'eurent jamais besoin de réforme, ont leurs jours *d'espaciment*. On sait que l'Ange de l'Ecole rioit avec ses Condisciples, qu'il s'amusoit à voir les expériences de Physique & de Chymie que faisoit son Maître Albert ; qu'enfin saint François de Sales lui même jouoit quelquefois sa petite partie : & tout cela se combine très fort avec la vertu. Bossuet ne craint pas d'avancer dans l'Oraison funebre de la Reine d'Angleterre, qu'*elle fut douce, familière, & agréable*. Il n'y a que le cagotisme à qui ces traits déplaisent, parcequ'il ne consiste que dans la bizarrerie & dans la mauvaise humeur.

Le célebre Lami, en peignant une Communauté de dignes Ec-

cléfiaftiques, dit qu'il n'y a rien de
plus à craindre parmi les perfonnes qui vivent enfemble , que la
mélancolie , & qu'un Supérieur
doit travailler à entretenir la gaieté , qu'on peut appeller *la Fille de
la Charité*. Mais qu'avons-nous befoin de ces exemples ? ne fentons-
nous pas en nous-mêmes que la
bonne confcience engendre la véritable joie, & que la férénité défi-
gne une ame tranquille & à l'abri
des remords? D'ailleurs , comment
la vertu ne fympathiferoit - elle
pas avec la gaieté , puifque c'eft
une perfection de favoir triompher
des chagrins, & de prendre un air
riant lorfque les maux paroiffent
devoir nous accabler ?

On ne perfuadera jamais la fagesse aux hommes, si on n'a soin de la présenter sous un aspect aimable. On s'effarouche à la vue de ces fronts austeres qui annoncent l'humeur ; de sorte que la piété, même pour ses propres intérêts, doit se faire toute à tous, & gagner les cœurs. Saint Paul dit qu'il étoit redevable aux foux mêmes, & par conséquent il se modifioit en quelque sorte selon leur génie, lorsqu'il vouloit les ramener à la vérité. Loin d'ici ces airs sombres & farouches qu'on prend pour l'image de la Sagesse ! ce sont ces fantômes de vertu qui ont rendu la vertu même ridicule, qui ont souvent empêché des milliers de jeunes gens de se convertir, & qui ont fait des Cloîtres, pour

bien du monde, un séjour de tristesse & d'horreur. La gaieté inspire de la confiance; c'est la clef
qui ouvre les cœurs, l'aimant qui
attire les esprits, le rayon qui dissipe les brouillards.

Mais pour bien savoir si la gaieté
s'accorde réellement avec la vertu,
voyons quelle est donc cette vertu
dont tout le monde parle, & que
presque personne ne connoît. Le
Paganisme, qui ne fit que l'entrevoir à travers l'orgueil qui le do-
minoit, révéra son ombre comme
le bien le plus précieux; & le Chris-
tianisme, qui la possede en proprié-
té, nous la représente comme l'é-
lement des ames, & comme l'empreinte de la Divinité même. Ses
pensées sont saintes, ses desirs

chastes, ses sentimens sublimes,
ses idées célestes; elle n'enseigne &
ne respire que l'amour de Dieu,
l'abnégation de nous-mêmes, le salut du prochain : ferme sans rigueur, humble sans bassesse, gé-
néreuse sans ostentation, magnifi-
que sans faste, tendre sans foiblef-
se, douce sans fadeur, elle prend
toutes les formes de la charité, &
fait plaire à ses ennemis mêmes.
La bienséance la précéde, la dignité l'accompagne, la félicité la
suit : point d'obstacles dont elle ne
triomphe, ou par sa prudence, ou
par sa résignation ; point d'évene-
mens dont elle ne se fasse un mérite, ou par sa tempérance, où par
sa foi ; point de pleurs qu'elle n'ef-
suie, ou par ses largesses, ou par

ſes diſcours ; point de bonnes œu-
vres qu'elle ne pratique, & par devoir, & par amour : en un mot,
la vertu, toute aux hommes, &
toute à Dieu, édifie ſur la terre, &
regne dans le Ciel. Son commerce
n'a rien que de gracieux, & ſon
langage rien que d'inſinuant : elle
ſait qu'elle émane d'un Légiſlateur
dont le joug eſt doux & le fardeau
léger, & elle s'étudie à ne montrer
que de la douceur ; elle ſait que la
vérité éternelle déteſte les cœurs
doubles, & elle ne connoît d'expreſſion que la ſincérité ; elle ſait
que la Loi ne recommande que la
bonne conſcience & le calme des
paſſions, & elle eſt toujours riante
& tranquille.

Qui doute, après ce tableau, que

la gaieté ne soit la compagne insé-
parable de la vertu , & qu'elle ne
lui serve à gagner les cœurs & à
s'insinuer? Eh , comment la vertu
ne seroit-elle pas gaie, elle qui ne
craint que Dieu , qui s'accommode
à tous les tems , à tous les lieux ,
à toutes les situations , qui déteste
les vices sans jamais haïr les personnes, qui n'oublie que les injures , qui goûte essentiellement le
plaisir d'obliger , qui ne trouve
dans son sein que des motifs de patience & de charité , qui jouit du
plus grand bonheur de cette vie ,
& qui espere fermement l'éternelle félicité.

C'est donc un malheur lorsqu'une personne vertueuse , triste
par caractere ou par tempéra-

ment, n'a pas le courage de diffi-
per fon humeur fombre & mélancolique ; car alors on l'évite, & fes
difcours n'ont que de l'auftérité ou
de la pédanterie. On ne réuffit dans
l'art de perfuader , qu'autant qu'on
s'annonce avec un air doux & gracieux. Si le front ou les yeux dé-
fignent le chagrin & l'humeur, les
cœurs fe refferrent , & les efprits
ne veulent point acquiefcer. Tous
les corps defirent avoir un chef affable, & d'une phyfionomie riante:
l'expérience même nous démontre
qu'il n'y a que ces fortes de perfonnes qui réuffiffent dans l'art de
gouverner. On craint de leur déplaire, on fe laiffe gagner par leurs
façons, de forte qu'elles viennent à
bout de faire tout ce qu'elles veulent,

fans

sans paroître rien vouloir : ainsi une belle journée nous entraîne comme malgré nous à la promenade, & nous séduit par sa sérénité.

Ajoutons que les personnes gaies étant, pour l'ordinaire, moins difficiles & moins intéressées, ont le commandement plus doux. Les hommes austeres tourmentent ceux qui les approchent, & font d'une exactitude qui va jusqu'à la minutie. Une gaieté soutenue dénote presque toujours un bon caractere: c'est l'ame qui se dévoile, lorsque des ris naturels épanouissent le visage. J'ai remarqué que l'harmonie étoit parfaite parmi les époux qui avoient une humeur enjouée, & que tout maître qui savoit rire, trouvoit des domestiques affectionnés. D'ailleurs si rien n'est plus contraire à la vertu que l'orgueil, on peut dire que la gaieté se rencontre rarement chez un homme fier. Entrez dans un cercle, & vous verrez que la personne qui vous accueille, & qui vous parle plus volontiers, est la personne la plus gaie. L'illustre Vauvenargue, que je ne cesse de regretter, dit le contraire dans son excellent Ouvrage de l'*Introduction à l'Esprit humain*, où il soutient que les personnes enjouées sont plus vaines que les autres; mais il ne prétendoit pas être infaillible. L'expérience vient à mon secours, & je n'ai besoin que de son autorité dans une affaire qui est toute de son ressort. La vanité ne dureroit

pas long-temps, si elle n'avoit le se-
rieux pour appui.

Ceux qui ont pensé que la gaieté
contrastoit avec la vertu, n'ont
connu ni l'une, ni l'autre ; non-seu-
lement on peut rire sans blesser la
sagesse, mais encore plaisanter.
Platon, Diogene, Socrate, n'ont
pas fait difficulté de badiner, &
leurs Historiens n'ont pas cru ternir leur mémoire en rapportant ces
anecdotes. Mais citons des hommes
plus vénérables. François d'Assise,
ce Saint si mortifié, & qu'on pro-
pose comme modele de la plus austere penitence, ne contrefit-il pas
au milieu d'un Chapitre, Frere Elie,
Général de son Ordre, de maniere à
exciter les ris de tous les assistans ?
N'avons-nous pas vu Benoît XIV,

ce Pontife chéri de toutes les Nations , & dont les mœurs furent toujours irréprochables , tenir les propos les plus plaisans , & s'égayer au milieu des conversations les plus sérieuses ? Rome repete encore ses bons mots , comme les saillies d'un esprit qui savoit allier la Religion avec l'aménité , & rendre la vertu autant aimable qu'intéressante.

Je sais que cette dévotion qui ne s'annonce jamais qu'avec des yeux larmoyans , une tête panchée , un ton langoureux , n'approuvera pas ces exemples : mais cette dévotion est-elle la vertu ? ou plutôt n'est-elle pas cette hipocrisie que le Sauveur condamne, lorsqu'il nous ordonne de nous

parfumer & de nous layer, crainte
d'avoir le visage trop abattu, &
d'afficher la pénitence ? Il y a un
fantôme de piété, & qui en impose à bien d'honnêtes gens, dont
l'esprit simple ne sauroit démêler
l'imposture. Les scandales pris légérement viennent de cette méprise ; car il suffit aux yeux de certaines personnes de tourner un mauvais Sermon en ridicule, pour être
regardé comme un homme sans
Religion. On ignore que la vérité
n'a pas besoin de fables pour se soutenir, & même qu'elle les réprouve. Ainsi *le Don Quichotte des Pré-*
dicateurs, cette critique ingénieuse
qui vient de paroître en Espagne,
irrite & scandalise les sots au lieu
de les instruire & de les corriger.

Ainsi la satyre du célebre Mas-
caron, Evêque d'Agen, sur le
même sujet, fut autrefois très
mal reçue, & presque taxée
d'hérésie. Cependant, comme dit
admirablement Mr. Fleury, dans
ses Discours sur l'Histoire Ecclésiastique, „ qu'importe à la Reli-
„ gion que saint Jacques ne soit
„ jamais allé en Espagne, ni sainte
„ Madeleine en Provence, & qu'on
„ doute de l'histoire de saint Gre-
„ goire ; ainsi que de sainte Mar-
„ guerite ? " Mais nous aimons les
fables, au point qu'un bon Capucin
crie à l'impiété, si l'on ne croit pas
toutes les Légendes de son Ordre,
ou si l'on ose dire le moindre mot
contre l'élégance de son habit.

Rien n'est plus nécessaire aux

hommes que de leur montrer la Religion en grand, c'est-à-dire dégagée des minuties dont *la bigoterie* la surcharge. Quand on rit des fables que l'Eglise réprouve, & de ces pratiques ridicules qui ne font que le fruit de la superstition & de l'ignorance, on fait voir que la piété consiste dans la vérité, que la Religion n'a besoin que d'elle-même pour se soutenir, & que les abus ne furent jamais l'objet de sa vénération. La raillerie peut être quelquefois le langage de la vertu. Nous lisons dans la Génese que Dieu dit, après le péché du premier homme ; *voilà donc Adam devenu semblable à nous !* Et d'ailleurs ne sait-on pas que le Sauveur du monde exposoit à la dérision

publique les pratiques des Phari-
siens, quoiqu'il ordonnât de respecter leur autorité ? On peut donc,
sans blesser la Religion , se moquer
de certains usages & de certaines
affectations qu'elle rejette ; & c'est
souvent le moyen de ramener à la
vérité les hérétiques & les libertins , eux qui croient que nous ré-
vérons les choses les plus puériles
& les plus apocryphes.

Ajoutons qu'il n'y a que les personnes vertueuses qui éprouvent
une vraie satisfaction. Justes de
tous les tems, paroissez ici, & ve-
nez produire à nos yeux cès plaisirs ineffables & purs, que toute la
grandeur & tout l'or ne pourront
jamais procurer. N'est-il pas vrai
que votre conscience tranquille &

timorée fut la source de ces ris innocens qui annonçoient la candeur & la paix ; n'est-il pas vrai que vous trouvâtes en vous-mêmes cette félicité que le monde ne cesse de chercher & ne rencontre jamais, n'est-il pas vrai que toujours sereins, toujours joyeux, vous ne connûtes, ni les chagrins de l'infortune, ni les dégoûts de l'ennui ?

Ah, quand la vertu pénetre un cœur, & qu'elle s'en rend souveraine, l'ame se dilate, les sens s'épurent & le visage n'offre rien que de riant. Ainsi l'on apperçoit un bouton de rose s'ouvrir aux premiers rayons du soleil, & charmer la vue par l'arrangement de ses feuilles & par la vivacité de ses couleurs. Jamais l'humeur ne sert de règle ni de conseil à l'homme vertueux ; s'il paroît quelquefois moins ouvert, c'est qu'alors il rentre en lui-même pour aller puiser ces sentimens de douceur & de générosité qui le rendent cher à tout le monde : il ne connoît de trouble que celui des orages ; & encore , au milieu des plus fortes tempêtes , conserve-t-il sa sérénité.

Les Justes ont leurs larmes , me dira-t-on , & l'Ecriture parle souvent de leurs gémissemens : oui, j'en conviens ; mais quelles larmes ? des larmes qui portent avec elles les consolations les plus délicieuses ; des larmes qui ne sont connues que de Dieu , & qui ne viennent jamais affliger la Société , que lorsque la charité exige des actes de tendresse &

de compaſſion ; des larmes que l'eſ-
pérance eſſuie à meſure qu'elles ſe
répandent ; des larmes qui ſont ſui-
vies d'une moiſſon de gloire , & qui
ne coulent qu'en réjailliſſant pour
la vie éternelle ; des larmes enfin
qui éteignent le feu dévorant des
paſſions, & qui rendent l'ame beaucoup plus chaſte & plus lucide.

O charmante vertu ! car c'eſt
toujours ſous ces traits que vous
vous annoncez ; comment ne ſe-
riez-vous pas compagne de la gaieté, puiſque la véritable joie eſt un
don de l'Eſprit-Saint, puiſque Dieu
promet des conſolations infinies à
ceux qui le ſervent fidélement ,
puiſqu'il nous déclare que ſon
joug eſt doux & léger , & qu'il
aime ceux qui font l'aumône gaie-

ment. On ne nous repréſente les Chérubins & les Bienheureux avec un air riant, que parcequ'on ſait combien la vertu répand de charmes ſur les viſages ; & l'Egliſe n'a des jours d'allégreſſe & des cantiques de joie, que parcequ'il nous eſt ordonné de nous réjouir dans le Seigneur.

Les Turcs, ſi l'on peut les citer ici, prient Dieu, lorſqu'ils voyagent, de les préſerver de la rencontre des perſonnes triſtes & abattues; & c'eſt une priere ſage qui ſe trouve dans leur Alcoran. Mais au lieu de produire l'ouvrage du menſonge, ouvrons les Livres ſaints : mille paſſages d'vers de l'Eccléſiaſte & de l. Sageſſe condamnent la triſteſ-ſe : & il faut avouer qu'elle eſt ſou-

vent une dangereuse tentation ; elle
répand une amertume qui engourdit l'homme sur ses devoirs, & qui
le conduit insensiblement au dé-
couragement ou au désespoir. Il
n'y a point de personnes qui sup-
portent plus difficilement la solitude, que celles qui sont tristes. La
gaieté soutient, dissipe les mauvaises pensées, & fait trouver du plaisir
jusques dans les choses les plus indifférentes : elle fait remplacer le
commerce des hommes, ou par
le chant d'un oiseau, ou par la vue
d'une fleur, ou par la promenade, ou par quelqu'agréable travail. » On accuse la dévotion, dit
Mr. Fleury, dans son Traité sur
les Etudes, » de rendre les gens
» tristes, parcequ'on voit en effet

» beaucoup de ceux qui paſſent
» pour dévots, être chagrins, cri-
» tiques, & plaintifs ; mais rien
» n'eſt plus éloigné de l'eſprit du
» Chriſtianiſme : c'eſt un eſprit de
» douceur & de joie ; & la mé-
» lancolie eſt comptée parmi les
» plus anciens ſpirituels , entre
» les ſept ou huit ſources de tous
» les péchés, comme la gourman-
» diſe & l'impureté. » D'ailleurs
ne voyons-nous pas qu'on ne plaît
aux hommes que par un air riant,
& que la Sageſſe ne croit pas faire
un plus grand éloge du Juſte, *qu'en
le qualifiant de Chéri de Dieu & des
hommes.*

CHAPITRE V.

La gaieté est l'ame de la Société.

TOUTE la nature nous invite aux douceurs de la Société ; les oiseaux se recherchent, les abeilles se rassemblent, les arbres s'entrelacent, les fleuves vont s'unir à la mer, & l'harmonie de l'Univers ne se soutient que par une attraction qui doit être une image de la nôtre : mais si la gaieté ne regne dans cet innocent commerce, tout change de face. Au lieu d'un agréable Printemps qui ranime les objets & qui les vivifie, ce n'est plus qu'une saison lugubre qui interrompt le cours des rivieres, qui suspend le ramage des oiseaux, qui

dépouille les prés de leur verdure,
& les parterres de leurs fleurs.
Ainsi notre imagination se refroi-
dit, notre cœur se resserre, notre
ame s'engourdit, si une certaine
joie, qu'on peut appeller le ressort des pensées, ne vient nous rappeller à nous-mêmes & aux autres,
& en quelque sorte nous rajeunir.

Si, pour goûter les charmes de
la Société, il ne s'agissoit que de se
réunir & de se regarder, les Anglois seroient certainement les
hommes les plus sociables ; car, en
quelque pays qu'ils se trouvent,
ils ne manquent pas de se rassembler, au point qu'ils ne voyagent
que pour voir des Anglois : mais
il est un esprit, un langage, un ton,
& même un air, qui constituent l'ai-

mable Compagnie, & que la gaieté philosophique peut seule inspirer. On s'anéantit dans la plupart des cercles, parceque trop de passions & d'intérêts empêchent les esprits de se produire & de se développer. Les uns auroient honte de se montrer à découvert, & les autres craignent de se compromettre; chacun, concentré en lui-même, ne laisse échapper que des mots stériles, qui n'instruisent, ni ne réjouissent. Il est vrai qu'un homme sagement gai ne se livre pas indifféremment. Le monde, assemblage bizarre d'opinions & de préjugés, exige beaucoup de discernement & de discrétion. Il est très facile, quoiqu'en tenant les mêmes discours, de passer pour enjoué dans une compagnie,

& pour fou dans une autre. Le grand art consiste à se mettre à l'unisson des personnes qu'on fréquente, & à ne laisser appercevoir de gaieté qu'autant qu'il en faut pour développer son caractere, sans cependant rougir d'une disposition d'ame que tout homme sensé regardera comme un mérite.

Les hommes ne sont réellement sociables, qu'autant qu'ils sont gais. Si l'on dépouilloit les François de leur aménité, on ne respireroit plus dans leur compagnie cet air de franchise qui leur est si naturel. Il faut les voir à la Ville & à la Campagne, les suivre dans les détails de la vie, dans leurs promenades, dans leurs entretiens, dans

leurs yeux, pour avouer que rien
ne contribue mieux que la gaieté
aux agrémens de la Société : ils se
confolent de leurs chagrins par
une chanfonette ; reffource plus
heureufe qu'on ne s'imagine, &
dont on ne fe moque que parcequ'on n'en connoît pas le prix.
Paris, n'eft préférable à Londres, au Grand-Caire, à Pekin,
à toutes les Villes de l'Univers,
que parceque fes Habitans font
plus gais, & favent répandre des
agrémens jufques fur la moindre
bagatelle. C'eft bien moins l'intérêt (car les François ne font
pas intéreffés) que l'envie de fe
réjouir, qui les engage à imaginer des modes, à produire chaque jour des brochures, & à fe

faire continuellement un spectacle réjouissant de tout ce qu'ils entendent & de ce qu'ils voient. On ne trouve que chez eux des promenades gracieuses, où les visages s'épanouissent ainsi que les fleurs, & où les esprits philosophent même en badinant. Au moindre rayon qui paroît, même dans la saison la plus rude, on voit un essaim de gens de tout âge & de tout état venir y ranimer leur gaieté, & répondre avec empressement à l'invitation que semble leur faire un beau jour.

Je sais que les Etrangers ont souvent qualifié cette gaieté de frivolité ; mais les François en sont bien vengés, en les voyant eux-mêmes s'efforcer de les imiter. Chaque Etranger fait ſes délices de voyager en France, & ne s'en arrache qu'avec le deſir d'y revenir. Il eſt bon de lire à ce ſujet une Lettre ſur la Gaieté Françoiſe, qu'on vient de donner au Public, & que je ne connois que par les Journaux.

Si je pouvois reproduire ici ces converſations naturelles, mais amuſantes; ces repas ſimples, mais joyeux; ces promenades retirées, mais agréables, je ferois voir que la gaieté, l'ame de tous ces plaiſirs, engendre une véritable ſatisfaction. Elle s'annonce au milieu d'un cercle ſérieux, comme le Soleil dans une journée d'Hyver; & après en avoir diſſipé les brouillards, elle jouit des charmes qu'elle

a produits. On ne voit à sa suite, ni
la médisance, ni la calomnie, ces
monstres qui désolent les Sociétés, parceque, toujours sans malice, elle ne raille jamais pour of-
fenser. C'est par cette raison qu'on
recherche les personnes gaies, &
qu'on se fait une fête de les entendre & de les voir. Arrivent-elles;
les visages se dérident, & chacun
s'empresse à respirer une satisfaction qu'on sent nécessaire.

Charmante gaieté, vous qui n'ê-
tes ni folle ni indiscrete, vous sans
qui les Souverains mêmes n'ont ni
agrément ni consolation, vous qui
naissez du fond du cœur, empa-
rez-vous des esprits, & nous n'aurons besoin ni de Bals, ni d'efforts
pour nous réjouir. Ce n'est en ef-

fet que l'ennui qui a imaginé ces Assemblées superbes & confuses, où l'on travaille inutilement à fixer le plaisir, & où l'on se donne rendez-vous pour se distraire de soi-même & pour s'oublier. Cela est si vrai, qu'on ne peut rien voir d'aussi triste que ces Bals solemnels où l'on prie gravement toute une Ville à venir tel jour se faire voir. Le plaisir, qui consiste presque entiérement dans les préparatifs, est déja passé lorsqu'on arrive : on regarde, on court ; & après avoir inutilement cherché dans la foule une gaieté qui n'y est pas, on sort dupe de son imagination, & charmé de se retrouver chez soi. Un violon pris à la hâte, un nombre de Villageois rassemblés tout-à-

coup, une danse sans préparation
& sans art ; voilà les fêtes où la gaieté se trouve à l'aise où elle se développe, où elle agit. Tout ce
qui tient à l'étiquette & à la grandeur, n'est que gêne & dégoût. Le
crystal des eaux, l'ombre des buis-
sons, la verdure des prairies, inspirent bien mieux la joie que la
vue des glaces, des tableaux, &
des lambris dorés.

Il n'y a dans les Sociétés qu'un
ton monotone, & qu'un air em-
barrassé, lorsque la gaieté naturelle n'y regne pas. On n'y débite
des nouvelles agréables que très
désagréablement, & on n'y converse que de manière à endormir.
La bonne humeur supplée à l'esprit, & vaut beaucoup mieux que

ce

ce savoir préfomptueux qui humilie les autres, & qui ne s'occupe que de chofes relevées. C'eft un art de parler fans rien dire, & on ne peut l'acquérir qu'en s'égayant.

La converfation a fes regles, & elles exigent qu'on mêle l'agréable à l'utile : mais que ces préceptes font mal obfervés ! On ne rit que d'une maniere forcée, tandis que la nature devroit être notre premier maître dans la façon de nous réjouir. Le Paradis Terreftre nous offre l'image de la vraie Société, Adam & Eve, dans une harmonie qui retraçoit celle de l'Univers, n'avoient que des paroles avouées par le cœur, & goûtoient l'avantage d'unir la douceur de leur voix au bruit des zéphirs & à

E

celui des eaux. Que j'aime à m'é-
garer en idée dans les agréables
bosquets, où les premiers humains,
pénétrés de cette joie pure & sainte
qu'engendre la vertu, savouroient
sans inquiétude & sans remords
l'heureux plaisir de se communiquer leurs desirs & leurs pensées !
Ils trouvoient jusques dans la moindre feuille l'occasion de discourir
agréablement, & de reconnoître
cette Sagesse infinie, qui, selon l'expression de l'Ecriture, joue au milieu de cet Univers, & transforme
la poussiere en fleurs. Voilà ce que
nous devons imiter autant qu'il est
possible, si nous voulons éprouver
cette gaieté délicieuse qui fait le
bonheur de la vie.

Quelle différence entre cette ma-

niere de vivre & celle des personnes taciturnes, qui toujours mé-
contentes des autres, & souvent
d'elles-mêmes, voudroient exter-
miner les ris, & ne daignent pas
prendre la peine de parler, sitôt
que quelqu'un leur déplaît! Voyez
cette femme de qualité qui fronce
le sourcil, qui ne s'exprime qu'en
grondant, qui semble régenter
l'Univers, & qui d'un ton impérieux décide des questions qu'elle
n'entend pas : elle ne doit qu'à son
rang les égards qu'on paroît avoir
pour sa personne ; tandis que les
femmes qui prennent les tons de
la Société, & qui devinent en
quelque sorte les pensées pour les
faire valoir, deviennent un objet
d'admiration.

E ij

Quel est ce prétendu Philosophe qui ne lance que des regards sinistres & dédaigneux, qui, par sa morgue, ferme la bouche à quiconque l'envisage, qui paroît se creuser lui-même pour en tirer des noirceurs contre ses freres, qui trouve des impromptu malins au fond d'un verre où pétille le Champagne, qui enfin s'applaudit de sa méchanceté, comme les autres de leur bon esprit? Il est un original qu'on évite, un être qu'on croit moins un homme qu'un tigre : tandis que ce Sage aux yeux doux, au front serein, persuade, enchante, & rend tout le monde de son avis, presqu'avant d'avoir parlé. Ainsi l'esprit de Société n'a que des dehors rians, & il ne se montre que sur ces phyſionomies ouvertes qui paroiſſent les antagoniſtes du chagrin & de l'humeur.

L'ennui, ce cruel fléau, ou plutôt l'engourdiſſement des ames, & qu'on ne peut concevoir tel qu'il eſt, parcequ'il n'eſt rien, endormiroit toutes les Societés, ſi la bonne humeur ne s'empreſſoit à le diſſiper. J'avoue qu'il y a des Compagnies où il paroît inutile de faire la moindre dépenſe d'eſprit, & où l'on n'a pas même le courage de dire un ſeul mot; mais tout homme gai par beſoin, & par réflexion, ſait tirer parti de toutes les Sociétés, & toujours avec une décence convenable à l'âge & à l'état. Un Eccléſiaſtique, par exemple, doit avoir une gaieté plus modérée qu'un Séculier ; & un Ministre ne peut rire avec la même liberté qu'une personne privée : quoique l'un & l'autre se rendent ridicules, s'ils affichent un certain sérieux que les stupides prennent pour de la dignité. L'air riant sied dans tous les états; c'est le meilleur présent qu'on puisse offrir à la Société : la Providence ne nous a réunis ni pour nous attrister ni pour nous ennuyer, mais pour jouir des douceurs de la conversation & de l'amitié.

Il y a deux sortes de Sociétés dans l'Univers; une qu'on peut appeller particuliere, & l'autre universelle. La premiere se forme en nous, lorsque donnant carriere à nos idées, nos desirs & nos pen-sées, nous nous amusons par le secours de la mémoire & de l'imagination; la seconde, lorsque nous produisant au-dehors, nous nous divulguons nous-mêmes, & nous devenons en quelque sorte diaphanes. Quiconque ne connoît pas cette double Société, ou n'en fait pas user alternativement, se prive du plus grand bonheur de la vie. La parole & la pensée sont deux liens qui attachent l'homme à lui-même & aux autres, & que la gaieté nous rend également précieux. Il est autant agréable qu'utile d'ébaucher en soi ce qu'on doit dire, & de n'exprimer que ce qu'on a déja senti. Une ame naturellement philosophe conçoit les choses avec précision, & les rend avec agrément.

E iv

Peu de personnes connoissent l'esprit de société, cet esprit, qui toujours complaisant, & jamais rampant, se modifie selon les lieux & les tems, étudie les caracteres & les conditions. Le monde n'est qu'un mélange bizarre d'ignorance & de savoir, de lenteur & de vivacité, de mensonge & de vérité, de bassesse & d'orgueil, d'humeur & de gaieté ; & il faut se soutenir entre ces écueils, sans se heurter : on ne se recherche que par désœuvrement, on ne s'observe que par malignité, on ne joue que par cupidité, on ne s'aime enfin que par intérêt ; mais lorsqu'on est sociable on n'a que des motifs raisonnables & sublimes dans tout ce qu'on projette, & ce qu'on fait.

Toutes les ames répandues dans cet Univers doivent, pour ainsi dire, faire masse par leur étroite union : mais soit la bizarrerie des modes & des goûts, soit la diversité des Religions, soit enfin la force des préjugés, chacun ne tient qu'à lui-même, ou plutôt qu'à ses passions. L'humeur, ce poison caustique ou lent, qui nous irrite ou qui nous mine, ronge les esprits & les cœurs, de maniere à déranger toute la symétrie des Sociétés. Malheureux fruit de la bile & du sang, & souvent du caractere, elle se fâche, elle gronde, elle s'attriste, sans savoir ni comment ni pourquoi, à moins que la gaieté ne vienne la tempérer ou la réprimer : car ce sont ses charmes qui corri-

E v

gent l'humeur, dont l'impreſſion a les ſuites les plus funeſtes. Il n'y a perſonne qui aime à vivre avec ceux qui ſont dominés par l'humeur. L'homme aimable, dit l'Ecriture, eſt né pour la Société.

Oh ! combien n'eſt-il pas charmant de voir une Compagnie raiſonnablement enjouée, où les ſentimens le diſputent aux ſaillies, & où les propos, enfans d'une honnête liberté, intéreſſent autant qu'ils réjouiſſent. C'eſt alors qu'on ſe développe, qu'on ſe communique, & qu'on paroît n'avoir qu'un cœur & qu'une ame. Ah ! s'il étoit poſſible de ſe tranſporter dans tous les endroits où regne une gaieté decente, on croiroit voir revivre l'âge d'or, & l'on reſpireroit un air

plus suave que la douceur du Printems.

Si l'on n'est pas du même avis,
on se le dit sans aigreur & sans pré-
somption. Les querelles, les caba-
les, les rapports, ne trouvent place que dans les cœurs livrés à l'inquiétude ou à la mélancolie. Il arrive tous les jours qu'un esprit gai
tourne en plaisanterie des reproches, & même des injures, &
trouve le moyen, par cet innocent
stratagême, d'empêcher des mésin-
telligences & des divisions. Les
tons de la gaieté, comme ces sons
moëlleux que forme une musique
Italienne, ravissent l'ame, & la
rendent toute autre qu'elle n'étoit.

La Société n'étant ni l'effet du
caprice ni l'affaire d'un moment,

E vj

on languit, si le plaisir de se voir &
de se retrouver ne s'annonce pas sur
les visages; & c'est par cette raison
que ces soupers affichés & presque
toujours composés de personnes qui
ne s'aiment ni ne se connoissent,
ne causent ordinairement que de
l'ennui. Après avoir débuté par
jouer tristement un *Brelan* ou un
Tri, on s'assied au milieu de personnes qui ont un air indifférent, & l'on
cause sans intérêt, comme on man-
ge sans appetit, jusqu'à ce qu'on
rentre chez soi, pour aller dormir
dans un tems où tout le monde se
réveille. Si quelque bel esprit s'efforce d'animer les convives, il ne
fait rire que par complaisance :
tout homme qui veut dominer,
humilie.

Il n'appartenoit qu'à nos Peres bien moins raffinés que nous de former des Coteries sans fard & sans ennui. Alors la joie & la cordialité réunissoient toutes les familles, parcequ'on connoissoit encore la candeur. Leurs repas, il est vrai, n'offroient ni cette cérémonieuse symétrie, ni ces ragoûts recherchés qui brillent sur nos tables, mais une gaieté naturelle développoit les cœurs, de sorte que, malgré toutes nos saillies, il nous est impossible d'imiter leurs chansons. En voulant trop subtiliser, on dépouille les pensées d'une certaine naïveté, qui est leur seve & leur vertu : ainsi la nature perd souvent ses plus beaux agrémens, en l'assujettissant trop à l'Art. Ce n'eft pas le bel ef-prit qu'on doit defirer dans la So-ciété, mais le bon efprit : l'un fait payer l'intérêt de fes bons mots par des caprices, par des airs de mépris, & fouvent par des traits de malignité ; tandis que l'autre ne s'étudie qu'à prendre tous les tons qu'on veut, & à plaire à tout le monde

La Société doit être une fphere qui tourne tranquillement fur fon axe, & nous en avons fait un tour-billon où l'on ne peut plus apperce-voir ni ordre ni raifon. L'étour-derie, la fuffifance, la frivolité, le libertinage, l'incrédulité, tout s'y mêle indifféremment, au point que, fi cela dure, les Sages n'ofe-ront plus ni rire ni parler. Tant qu'on n'éprouvera point cette joie vive & pure qui est le fruit de la bonne conscience, on n'aura que des conversations discordantes, & les hommes ne feront que profaner leur existence, ou l'oublier. Le commerce de la vie, autrement cette union réciproque qui doit regner entre les hommes qui sont freres, veut qu'on se visite avec cordialité, qu'on se parle avec douceur, qu'on s'égaie avec sagesse. Il faut, jusques dans la probité même, une certaine aménité qui en corrige la rigueur ; autrement on ne paroît honnête homme que par tempérament ou par humeur.

Enfin la gaieté est si essentielle, qu'elle trouve sa place jusques dans une maison de deuil. Mille fois on a vu des personnes affligées suspendre leur douleur, pour rire avec ceux qui avoient une conversation enjouée. Ainsi David, par sa harpe, dissipoit le malin esprit qui possédoit Saül; ainsi le son des instrumens vient à bout de guérir les malades que la Tarentule a piqués.

Convenons cependant que malgré tout l'agrément des Societés, notre imagination a besoin d'être égayée par un appartement riant, & commode. Il y a des maisons, & des quartiers qui paroissent le séjour de la tristesse, & qui n'inspirent que des idées sombres. On remarque dans Paris que les personnes qui habitent la cité, sont moins enjouées que celles qui demeurent dans le voisinage des Tuilleries, & du Palais Royal.

CHAPITRE VI.

La Gaieté est nécessaire aux Gens d'étude.

SENEQUE, dans son Ouvrage sur la tranquillité d'ame, dit qu'il en est des esprits comme des terres, qu'on ne doit ensemencer & cultiver que par intervalles. Un travail assidu jette bientôt dans l'épuisement; & l'ame, qui a besoin de se reposer comme le corps, à raison de la délicatesse des fibres & des muscles dont elle dépend, exige du délassement & de la dissipation. C'est pourquoi Socrate ne rougissoit pas de badiner avec son fils; que César-Auguste jouoit souvent aux dez avec des enfans dont l'esprit & la figure lui plaisoient; que Domitien passoit une heure chaque jour à prendre des mouches; que Lælius & Scipion, ces personnages si célebres, s'amusoient pendant leur séjour à la campagne à chercher des coquilles, & à s'en faire un passe-tems à la maniere des enfans; que l'austere Caton lui-même s'égayoit en buvant avec ses amis; qu'enfin le Cardinal de Richelieu trouvoit du plaisir à voir jouer des petits chats.

Ciceron dit dans une de ses Oraisons, que de même que les oiseaux, après avoir cherché leur nourriture & construit leurs nids, voltigent çà & là pour se réjouir, nos esprits accablés par l'étude & par le travail cherchent à s'élancer & à se dissiper. Tout le monde sait qu'Amasis, Roi d'Egypte, badinant au milieu d'un repas, dit à ceux qui paroissoient le désapprouver, qu'un arc ne pouvoit toujours être tendu. On est bien plus propre à réflechir, selon la remarque d'Esope, lorsqu'on a soin de jouer & de se délasser à propos.

Il faut observer que nos ames, étant limitées, sont incapables d'une application continuelle, & que l'on risque de devenir hypocondre ou fou (ce qui est à-peu près la même chose) si l'on n'a soin de s'amuser & de s'égayer. Combien de fois après des excès de travail, n'avons-nous pas éprouvé, que notre esprit étoit, pour ainsi dire, ab-

forbé, & qu'il ne nous reftoit plus
d'autre fentiment de notre exiftence, qu'une pefanteur de tête qui
nous accabloit. C'étoit alors que
dans la crainte d'y fuccomber,
nous cherchions comme malgré
nous une nouvelle maniere de vivre & de refpirer, & que nous fai-
fiffions avec ardeur les premiers di-
vertiffemens qui s'offroient, comme un homme affamé fe jette avi-
dement fur tous les mets qu'on lui
préfente.

Plus les délaffemens font enfantins après une forte application, &
meilleurs ils font : l'ame engourdie
en quelque forte, pour avoir trop
imaginé, ne penfe qu'à fe débarraf-
fer d'un pareil état, & à reprendre
toute fa vigueur : on la fent alors

s'élancer par les oreilles & par les yeux, dans tout ce qu'elle croit devoir la diftraire & la vivifier. Ainfi nous cherchons à refpirer l'air avec empreffement, lorfque fuffoqués par la fumée, ou par quelque oppreffion, nous nous appercevons que notre haleine s'interrompt & fe racourcit.

Il faut connoître tout le poids d'une étude férieufe, ou avoir interrogé nos Métaphyficiens & nos Algébriftes, pour convenir de la néceffité de fe récréer, lorfqu'on a trop médité. Ce travail mille fois plus accablant que la fatigue du Payfan qui porte des fardeaux, ou qui laboure fon champ, dépouille l'homme d'une partie de lui-même, pour ne laiffer agir que des efprits

animaux, dont la diſſipation épuiſe
& deſſeche.

Auſſi la plupart des Auteurs,
ſur-tout ceux qui imaginent, lan-
guiſſent-ils plutôt qu'ils ne vivent.
On n'apperçoit qu'une ombre de ce
qu'ils ſeroient s'ils s'appliquoient
moins, & l'on devine facilement
qu'il leur faut de la gaieté pour ſe
ſoutenir, puiſque, malgré leurs récréations, ils n'ont qu'une demi-
exiſtence. Voilà pourquoi les Ordres les plus auſteres diſpenſent des
obligations journalieres du Cloître, les Religieux qui étudient ;
& que chaque Corps qui s'applique, prend des vacances, & ſuſ-
pend tout travail. Les Savans ont
beſoin de gaieté pour oublier leurs
études trop profondes, les Gens

d'esprit pour ranimer leur imagination, les Philosophes pour rendre leurs raisonnemens moins abstraits, les Poëtes pour faire d'agréables descriptions, les Prédicateurs même pour persuader plus aisément la vertu.

On se lasse de penser, ainsi que de parler ; & si on n'a pas la précaution de se dissiper, on se met dans le cas de ne pouvoir plus travailler. Bientôt le genre nerveux se trouve attaqué : état funeste pour tout homme qui chérit l'étude, & dont on doit absolument se garantir, en n'étudiant que par intervalles, en faisant succéder des lectures amusantes aux méditations sérieuses, & d'aimables entretiens aux affaires & aux soins.

D'ailleurs, lorsqu'on n'a pas soin

de se distraire & de s'égayer, on
fait des ouvrages qui sentent l'épuisement ; c'est une sécheresse qui ennuie le Lecteur : au lieu que les Auteurs qui savent se délasser à propos
ravitaillent leurs pensées, & se re-
trouvent avec un esprit neuf. Ainsi
le Printems, cette saison délicieuse, ranime la seve des arbres, &
leur communique une charmante
verdure qui donne une nouvelle face à l'Univers.

La plupart des Ouvrages ne
sont intéressans qu'à raison de leur
aménité ; & il faut, pour la trouver, ne pas vivre en misantro-
pe. On reproche un style pesant
aux Solitaires & aux Erudits, parceque leurs mœurs ne sont point
égayées par des entretiens amusans.

fants. Il faut un certain agrément dans les Livres, même les plus férieux; & cela eſt ſi vrai, qu'on donne univerſellement la préférence aux Ouvrages François. On aime à y retrouver ces nuances de gaieté qui caractériſe la Nation, & qui fait que les matieres même les plus abſtraites y ſont préſentées ſous une forme qui plaît. Fontenelle n'écrivoit avec tant d'agrément, que parcequ'il étoit gai. Les Anglois, trop méditatifs & trop ſombres, avancent toujours en creuſant; mais leur profondeur ne laiſſe ſouvent qu'un vuide aux yeux du Lecteur.

La gaieté peut s'appeller l'émail du ſtyle & des penſées : elle donne un certain coloris qui attache &

F

qui enchante ; elle dépouille les questions philosophiques de leurs abstractions, les calculs de leur sécheresse, les affaires de leurs épines ; elle rejette les dissertations inutiles, les citations pédantesques, les récits languissants : en un mot, avec elle on fait faire un Livre ; & sans elle, on compile & l'on ennuie. C'est à la gaieté que nous devons *la Pluralité des Mondes, le Lutrin, Ver-Vert*, & tant d'autres ouvrages aussi ingénieux qu'amusans. Les Auteurs qui ont la gaieté en partage, savent intéresser en disant même des choses communes, parcequ'on aime ce qui réjouit.

Quelle différence entre l'Ecrivain d'un caractere enjoué, & l'Ecrivain sombre & taciturne ! L'un quitte sa plume & ses livres d'un air satisfait, suspend toute réflexion, & se dépouille de sa supériorité, pour ne dire que des choses obligeantes & agréables, & s'occuper même de riens, s'il le faut : l'autre, absorbé dans ses idées, annonce tout-à coup la peine qu'il a de vous recevoir ; il ne répond que par grace, & n'entend qu'à demi, parceque son esprit se trouve loin de son corps. On apperçoit en quelque sorte deux ames dans un Auteur qui fait rire & raisonner ; l'une qui moralise en écrivant, l'autre qui badine en conversant.

Les Gens d'étude sont donc réellement à plaindre, lorsqu'ils n'ont pas la ressource de la gaieté ; ils ne travaillent qu'avec dégoût, ou ils

étouffent leur esprit à force de rêver creux. L'étude des Antiques
& des Loix n'est rebutante & pé-
nible, que parcequ'elle éteint l'i-
magination : c'est par cette raison
que les François vifs & enjoués cul-
tivent moins cette double science
que les Italiens & les Allemands ; ils
sentent que leur ame, qui ne cherche qu'à se distraire, n'y trouveroit
pas son compte.

Il n'y a pas de plaisir compara-
ble à celui de parcourir un Ouvrage dicté par l'aménité ; il semble qu'on se promene au milieu
d'une prairie semée de fleurs, &
qu'on sent la douce influence de
l'Automne ou du Printemps. Tels
sont les Livres de l'inimitable Fénelon, ce Prélat, qui plein d'agré-

mens dans ses discours, ainsi que
dans ses Ecrits, persuadoit la vertu,
même en riant. On le vit toujours
avec un air enjoué, au milieu de ses
plus grandes disgraces, répandre
cette joie pure & raisonnable dont
il étoit pénétré. Je sais que les esprits gais négligent quelquefois
leur diction, parcequ'ils ne sont
ordinairement ni aussi exacts ni
aussi minutieux que les Auteurs
flegmatiques; mais ne vaut-il pas
mieux trouver quelques négligen-
ces dans un livre rempli d'agrémens,
que de lire un ouvrage aride & sérieux, où chaque phrase est gram-
maticalement exprimée ? Tout
homme qui n'est ni érudit ni com-
pilateur, mais qui a l'esprit vif &
saillant, aimera les productions qui

ont un ton de gaieté ; on y trouve
une aifance, une candeur, une ame-
nité, qui attachent & qui délaf-
fent. Combien de raifonnemens &
de defcriptions dans nos meilleurs Ecrits, & qui ne doivent
leur exiftence qu'à des entretiens
dont la gaieté fut l'ame & l'occafion ? Les idées coulent de fource,
lorfque dans la Société on s'enrichit des réflexions d'autrui ; & cette
efpece de plagiat, le feul qui foit
permis, eft fouvent d'une grande
reffource. Les penfées qui naiffent
au milieu d'un Cercle, deviennent
un patrimoine commun. Je fuis
fûr que des Livres fans nombre
doivent le jour à quelques bons
mots de nos célebres Auteurs; ils les
difoient par hazard, & ils étoient

recueillis, comme le plus beau fruit de la réflexion : d'où j'infere que les conversations animées par l'esprit & par la gaieté, sont très utiles pour composer d'une maniere ingénieuse & amusante.

La raillerie même, ce ton si difficile à prendre lorsqu'on ne veut pas s'écarter des regles de la modération, devient agréable, sans être offensante, quand on sait la tempérer par la gaieté. Aussi le célebre Nicole dit-il très sagement qu'il y a une raillerie délicate permise dans les Ouvrages ; & la raison qu'il en donne, c'est que, lorsque les hommes & leurs passions ont disparu, la plupart des écrits deviennent insipides, s'ils n'ont un certain sel qui pique la curiosité. Qui liroit aujourd'hui la fatyre Ménippée, fi l'on n'y trouvoit des traits vifs & hardis : qui liroit même certaines Epîtres de Boileau , s'il ne répandoit un ridicule fur les vices & fur les Auteurs de fon tems ? Nous voulons être remués dans nos lectures , par quelque chofe qui applique & qui intéreffe ; de forte que bien des gens vont chercher matiere à rire dans les productions mêmes des Impies, lorfque parmi les bons Ouvrages ils n'en trouvent pas un amufant : nouveau motif, qui doit engager les Auteurs qui écrivent fur des fujets férieux , à les égayer autant qu'il eft poffible. C'eft la conduite qu'a tenu la Bruyere : il a fu corriger les mœurs en riant, & rendre fes caracteres autant de portraits qui charment les libertins, aussi-bien que les dévots.

On reprochoit à Démosthene de composer des Harangues qui sentoient l'huile, parce qu'étudiant toujours à la lueur d'une lampe, il ne jouissoit pas même de la lumiere du Soleil. Cet inconvénient ne lui seroit sûrement point arrivé, s'il eût connu cette gaieté sociable qui eût partagé son tems entre la conversation & l'étude. Abbadie, quoiqu'accoutumé à méditer, vit presque journellement des personnes capables de l'égayer. Il savoit que nous avons tous une portion de sérieux & de gaieté ; que, lorsque l'une est épuisée, il faut faire usage de l'autre ; qu'enfin on n'est riche en ex-

preſſions qu'autant qu'on ſe communique : auſſi ſes Traités, comme fruit des entretiens & des réflexions, ſont-ils écrits d'une maniere noble, ſimple & intéreſſante.

Cependant je ne diſconviendrai
pas que la gaieté nuit quelquefois
aux études profondes, parcequ'elle
diſtrait trop : mais ces études ſi abſtraites, lorſqu'on veut bien l'examiner, ont-elles une utilité ſi mer-
veilleuſe ? En compoſant un Ouvrage profond, on n'écrit que pour
deux ou trois perſonnes qui le li-
ſent, & qui peut-être encore le
contrediſent. La plupart de ces
idées neuves, qu'un Auteur croit
des démonſtrations, paſſent pour
des ſyſtêmes, & quelquefois des vi-
ſions. Mallebranche lui-même a

gagné, pour fruit de ses veilles, l'honneur d'être mis au rang des rêveurs. Un Livre à la portée de tout le monde, ressemble au pain, qui, tout simple qu'il est, vaut mieux que les mêts les plus recherchés.

CHAPITRE VII.

La Gaieté contribue beaucoup à la santé.

L'HOMME gai ne vieillit point, & paroît toujours se bien porter ; car la gaieté suspend les maux, de maniere qu'on ne s'en apperçoit presque pas. J'ai vu des vieillards dévorés par la goutte, autant que par les années, se distraire continuellement de leur malheureuse situation, & engourdir leurs douleurs à force de s'égayer. Il n'y avoit point d'instant qui pût altérer leur sérénité, parcequ'ils s'étoient fait une habitude de rire au lieu de murmurer : ils savoient que les plaintes étoient un nouveau mal qu'on joignoit aux infirmités, & qu'il valoit mieux attirer le monde par un air riant, que de l'éloigner par un visage refrogné. Mais il faut connoître la construction du corps humain, examiner cette circulation continuelle de bile & de sang, dont le mouvement plus ou moins irrégulier engendre la bonne ou mauvaise humeur, pour savoir tout ce que peut la gaieté; il faut connoître jusqu'à quel point les chagrins influent sur notre esprit, & comme l'esprit à son tour agit sur nos organes & sur nos fibres. La plupart des maladies, dont nos Docteurs ne sauroient souvent trouver la cause, naissent de certains chagrins

fourds qui minent infenfiblement.
C'eft ce que j'ai entendu dire à
M. Alion, Médecin à Turin, qui
a écrit fur cette matiere, de façon
à faire defirer la publication de fon
Ouvrage. Il prouve la grande fym-
pathie de l'ame & du corps, & le
terrible empire des chagrins fur
l'un & fur l'autre.

La gaieté, comme une feconde
circulation, donne une nouvelle
vigueur à notre efprit & à notre
corps. On double en quelque forte
fa vie, lorfqu'on fe livre à un
enjouement raifonnable & continuel. Il y a tant de peine ici bas,
qu'on ne doit pas penfer à les déraciner, mais à les endormir. Le
chagrin, ainfi que la colere, ces
deux fléaux du genre humain, dé-

truifent fourdement des perfonnes
de toute efpece. Notre foibleffe,
qui s'annonce par des cris dès le
premier inftant de notre naiffance,
& qui fe retrouve prefque à chaque pas, nous affujettit tellement
à toutes les créatures, que le moindre revers peut nous miner ou nous
fuffoquer. Sitôt que la trifteffe s'empare de notre ame, (& combien de
fois ce malheur n'arrive-t-il pas?)
le cœur fe refferre, le pouls fe ra-
lentit, les efprits animaux s'affou-
piffent, le fang s'épaiffit, les penfées fe confondent, l'imagination
s'égare, & il ne refte plus de l'homme qu'une efpece de fantôme :
voilà les effets du chagrin, à
moins qu'il ne fe change en défefpoir ; & alors on fe dévore, & l'on

appelle la mort avec fureur, comme la feule efpérance qui refte.

Ces malheureufes impreffions
ne font point à craindre, lorfqu'on
eft gai par caractere & par réflexion. On fait que toute l'amertume ne fauroit garantir d'un mal
paffé, que c'eft une folie de fe chagriner pour une chofe qu'on ne
peut empêcher, & que la mélancolie & l'accablement font le plus
grand des malheurs : on évite les
réflexions finiftres qui pourroient
altérer la fanté ; &, crainte de fe livrer à la trifteffe, on prend un Livre qui amufe, ou l'on recherche
une Société qui réjouit. Le corps
s'ufe par les chagrins, comme
le cœur par l'amour, & l'efprit
par l'étude, fi l'on n'a foin de fe

faire un rempart contre tous les revers. Nous voyons tous les jours des Courtisans disgraciés, n'offrir plus aux yeux du Public qu'une vie morne & languissante.

Mais si cela ne suffit pas pour démontrer les dangers de la tristesse, jettons les yeux sur ces infortunés que la consomption dévore. Sépulcres mouvants, plaintives ombres d'eux - mêmes, ils ne se sentent exister que par l'impression d'un chagrin sourd qui les anéantit insensiblement, & dont ils ne connoissent, ni la nature, ni la cause. Leur esprit & leur cœur, errants çà & là, semblent se séparer pour ouvrir au milieu d'eux un abyme, où toute idée de bonheur & d'espoir va s'engloutir. C'est ainſi que l'hypocondrie épuiſe les corps, en décourageant les ames; & c'eſt ainſi qu'on devient ſpectateur d'une longue mort, lorſqu'on s'abandonne à la miſantropie.

Nous ne nous portons bien que lorſque nos nerfs ont leur élaſticité, & que tout notre être, tant ſpirituel que matériel, ſe trouve dans une certaine aiſance. Ainſi la triſteſſe, qui nous engourdit, doit néceſſairement déranger l'économie de notre ſanté. En ſuſpendant le cours libre de nos deſirs & de nos penſées, elle opere en nous le même changement qui arrive dans les fleuves lorſqu'il fait trop froid. L'eau qui ſe convertit dans une eſpece de marbre, n'eſt qu'une image des révolutions que nous cauſe le chagrin.

La gaieté au contraire, comme une chaleur douce, tient l'esprit & le cœur toujours dilatés. Scarron, dont l'ame fut unie au corps le plus mal organisé, n'eût pas vécu deux ans, si la gaieté, son unique fortune, ne l'eût continuellement soutenu & consolé. Elle se mettoit à la place de ses douleurs, & lui dictoit les choses les plus burlesques, dans le tems où il devoit souffrir le plus cruellement.

On se trompe bien sur la nature des chagrins, si l'on s'imagine qu'il n'y a que ceux qui détruisent la réputation, ou qui renversent la fortune, dont l'impression soit nuisible à la santé. Les inquiétudes sont relatives aux tempéramens, aux caracteres, aux goûts, aux conditions.

Tous les hommes se font des peines imaginaires. La Religieuse est aussi sensible à la mort d'un oiseau, qu'un Financier à la perte de sa fortune. Il n'y a que la gaieté, qui, comme le véritable élément des esprits, vienne dissiper les allarmes & les réduire à leur juste valeur. Alors on passe tranquillement ses jours, & l'on arrive insensiblement à la vieillesse, sans s'appercevoir qu'on vieillit. Les personnes qui s'affligent volontiers, ou qui ignorent l'art de se réjouir, ne vivent qu'en partie ; tandis que les hommes gais jouissent d'une existence complette, & sentent à tous les instans le plaisir d'être & de penser.

Mais il suffit d'examiner le visage d'un homme naturellement joyeux,

pour reconnoître les heureuses in-
fluences de la gaieté. C'est un front
serein, qui, aussi pur que le plus
beau jour, n'annonce ni nuages ni
brouillards; ce font des yeux clairs
& parlants, qui indiquent l'harmonie du corps & de l'esprit; c'est une
bouche riante, qui exprime toute
la joie du cœur. Il est rare que les ri-
des défigurent un visage accoutumé à s'épanouir. Le tems a beau
tracer des sillons sur tout ce qui respire, & se graver en quelque sorte
sur nos fronts & sur nos joues; il
ne fait qu'effleurer les personnes
gaies, parcequ'elles dépendent
bien moins que les autres de ses caprices, de ses révolutions, de ses
malheurs. En effet, le Philosophe
accoutumé à vivre en lui même,

rend le bonheur de son existence indépendant des modes, des événemens, des années : il ne connoît que le jour présent qui lui suffit, sans s'inquiéter du lendemain qui lui semble imaginaire ; il se contente de la Société qu'il trouve, sans desirer les endroits où il n'est pas ; il se fait un plaisir de ses occupations, sans penser qu'il y en ait de plus gracieuses ; il s'éleve enfin au-dessus des miseres humaines, sans mépriser l'humanité.

La gaieté, comme ces liqueurs qui surnagent sur la lie, se tient, pour ainsi dire, au-dessus de nos maux, & se clarifie de maniere qu'on l'apperçoit toujours sans aucun mélange. Le sang devient plus fluide, le cœur plus à l'aise, les hu-

meurs moins âcres & moins abon-
dantes, & l'esprit plus dégagé. On
se sent renaître, sitôt qu'on sent le
chagrin s'en aller ; & cela est si vrai,
que la plupart des malades desirent
un Médecin gai, & que bien des
Docteurs ont fait fortune plutôt
par leur enjouement que par leur
habilité. Presque toutes les personnes, & sur-tout les Dames, oublient
leurs maux, lorsqu'on vient leur
apprendre la nouvelle du jour, &
leur faire des récits autant agréables qu'ingénieux.

Je ne crains rien, disoit un Philosophe, lorsque j'ai la gaieté : elle
me dédommage de la mauvaise fortune ; elle me préserve des maladies, ou elle me les fait oublier ;
elle me répand dans les Sociétés,

ou elle m'en retire ; semblable à ces fleurs qui s'ouvrent & se resserrent successivement , & qui conservent toujours leur même fraîcheur.

Rien n'est plus sujet aux maladies , que la misantropie ; que dis-je ? elle est elle-même le mal le plus cruel : quiconque en est atteint, souffre par-tout, sans pouvoir déterminer l'endroit de ses souffrances ; mais lorsqu'on est gai, on n'est pas plus affecté du chagrin , que d'une mouche qui passe ; ou, si l'on s'y livre, ce n'est qu'en ressentant une certaine satisfaction qu'on goûte jusqu'au sein même de la douleur. Les larmes sont précieuses aux ames sensibles ; & elles ont beau couler, elles n'alterent point

point la gaieté que la Philosophie fait naître.

Tout homme qui s'inquiete, touche à la maladie; & tout malade qui s'afflige, s'approche de la mort. C'est alors que les dégoûts, les défaillances & les insomnies viennent épuiser le corps, & réduire l'ame à des plaintes & à des soupirs. On ne sauroit croire combien les rêves mêmes d'un homme chagrin alterent sa santé; ils ressemblent aux fievres lentes, qui consument sans paroître agir. Il n'en est pas ainsi des personnes enjouées; les afflictions ne font que glisser sur leur ame, sans pouvoir s'y fixer : que dis-je ? elles n'arrivent jamais jusques-là; & l'esprit se conserve exempt de tout nuage & sans aucun trouble.   G

Mais laissons ces détails, pour terminer la question par un calcul. Si l'on compte ceux qui parviennent à un âge très-avancé, on trouvera que le plus grand nombre est composé de personnes d'une humeur douce & enjouée. Le contentement, vrai élixir de la vie, vient nous ranimer : il nous dépouille de nos flegmes & de nos humeurs, pour nous communiquer un certain bien être que nous sentons en nous-mêmes, & que nous ne pouvons exprimer; il nous allege de maniere à diminuer notre propre poids, & à nous élever au-dessus de nos sens & de nos passions, par une façon de penser qui ne respire qu'une heureuse indépendance. Si les corps

étoient tranfparents, on y verroit
les effets de la gaieté, qui, comme
un nouveau fuc, dilate les muf-
cles, donne à tout notre être une
nouvelle agilité, & le rend en quelque forte plus cher à lui - même.
Ni la vieilleffe, ni la maladie, n'ont
rien d'effrayant chez un homme
gai : il fe fane, il eft vrai, mais
comme une rofe, qui conferve,
même en dépériffant, quelques
veftiges de fa beauté. Auffi voyons-
nous les perfonnes joyeufes par
tempérament, ou par réflexion,
environnées de leurs amis jufqu'au moment de leur derniere
fin. On fe fait encore un plaifir
d'aller jouir des reftes de leur gaieté
paffée, & de leur entendre raconter
les anecdotes de leur jeuneffe.

G 2

L'homme enjoué se trouve au milieu d'un cœur dilaté par la joye, & dans ces espaces agréables qu'étend l'imagination. Les idées, les pensées, les desirs, tout s'arrange & se multiplie, de maniere à ouvrir le sentier du bonheur. L'homme sérieux au contraire perd au moins un tiers de sa félicité, & souvent la fait perdre aux autres.

On dit communément que le chagrin tue les hommes, & qu'il ne cause aux femmes que des vapeurs; & c'est sans doute parceque le sexe pleure plus facilement, & parce qu'il a des idées plus volubiles : mais n'ayons-nous pas en revanche plus d'occasions de nous dissiper ? Quoi qu'il en soit, la tristeſſe deviendra toujours une maladie dangéreuſe quand on s'y livrera, & l'on ne ſauroit trop la diſſiper.

O vous qui conſumez vos jours dans le ſein des projets, des chagrins & des embarras, jouiſſez du tems que le Ciel vous accorde, au lieu de vous inquieter. Sachez que c'eſt être riche que de ne rien deſirer, & que c'eſt une folie de ne vivre que d'une maniere incertaine. La gaieté, comme un baume délicieux, calme tous les maux, & ne nous fait voir que de la puſillanimité dans la plupart des ſoins qui nous dévorent.

CHAPITRE VIII.

Des Plaisirs.

LES plaisirs, tels que les chagrins, sont relatifs aux âges, aux conditions, aux pays, aux goûts. L'enfant fait ses délices d'un jeu, que l'homme trouve insipide ; la solitude procure des satisfactions, que le monde croit chimériques ; l'Anglois aime à rêver, le Hollandois à fumer, le François à chanter ; le Sage se complaît dans le recueillement des pensées, le Libertin dans la dissipation des sens : mais malgré cette diversité d'affections, il est un plaisir unique, ainsi qu'un beau réel, qu'on ne peut s'empêcher de desirer. Je parle de cette joie intérieure, fruit de la bonne conscience & du calme des passions, qui, toujours la même au milieu de tous les événemens & de tous les pays, n'a besoin, ni des biens, ni des honneurs, ni des modes, ni des préjugés. Les hommes les plus dissipés recherchent le vrai plaisir ; mais sans savoir où il existe, parce qu'ils ne rentrent pas en eux-mêmes : autrement ils sentiroient qu'il ne peut être que dans un cœur ami de l'innocence & de la vérité.

En vain le monde toujours agité passe donc d'un tourbillon dans un autre, pour saisir le vrai bien ; on ne fait que se distraire de ses maux, lorsqu'on vit hors de soi. Il faut à l'ame une tranquillité fixe, qui ne

foit altérée, ni par le libertinage,
ni par l'ambition. Les Cours en
conféquence n'offrent que des ombres de plaifir; & la jeuneffe, qu'on
croit la faifon la plus riante & la
plus heureufe, n'eft qu'un temps
d'orage. On s'étourdit fur le vrai
plaifir, pour courir après le faux;
& il ne refte que du dégoût. L'a-
mour du plaifir n'eft point une paffion étrangere à l'homme; il naît
avec nous : mais bien différents de
la bête, qui ne fuit qu'un brutal inf-
tinct, nous devons difcerner les
goûts qui font analogues à la dignité de notre être, & nous les approprier par la réflexion. Tous
nos malheurs ne viennent que de
notre ardeur démefurée à faifir
fur-le-champ ce qui nous flatte ou

ce qui nous éblouit. Nous ne pensons pas qu'il y a des fantômes de plaisir, qui, sous une apparence trompeuse, renferment les plus grands chagrins, & que l'aveuglement ou les remords sont le fruit de toute passion illégitime. L'esprit, presque toujours séduit par le cœur, s'attache à l'existence des sens plutôt qu'à celle de l'ame, & s'oublie lui même pour laisser régner notre malheureux corps. Ce ne sont alors que des voluptés criminelles qui nous dénaturent, ou tout au moins des desirs terrestres qui nous avilissent.

Quel empire les plaisirs sensuels n'ont-ils pas pris sur l'homme depuis le commencement du Monde? Chaque siecle s'est épuisé à raffiner la volupté, & à la rendre l'Idole de l'Univers. On a voulu que les senfations devinffent notre bonheur : mais quel bouleverfement ce défordre n'a-t-il pas caufé ? Nous n'avons plus connu d'autre dogme que le matérialifme, & nous avons fenti en nous-mêmes, quoique malgré nous, un vuide affreux, qui ne fe rempliffoit que par des remords & par de l'ennui. Ce n'a plus été une ame fpirituelle qui a déterminé nos goûts, mais une effervefcence de fang & d'humeurs.

Sans doute il eft trifte de traiter auffi férieufement le chapitre des plaifirs; mais ne méritons-nous pas cette morale par la maniere dont nous vivons ? Nous ne pouvons nous en prendre qu'à nous-mêmes, si le vrai Philosophe n'ose plus parler du plaisir qu'en tremblant. Au lieu de goûter des voluptés spirituelles, qui font les délices de la raison, nous ne pensons qu'à nous réjouir d'une maniere toute profane : & encore quelles réjouissances ! L'Homme sensuel ne peut rester un moment avec lui ; la Femme du monde est obligée de se perdre tout le jour dans le sein des modes & des bagatelles ; le Petit - Maître court à trois spectacles pour chercher une satisfaction que l'exercice des sens ne sauroit procurer. Quiconque espere trouver le plaisir à force d'aller & de venir, ne le rencontrera jamais : le Sage ne fait que s'interroger ; & il sait être heureux.

Les satisfactions d'une ame qui se connoît & qui s'aime, sont de nature à effacer toutes les voluptés que le monde idolâtre, & dont il se fait une image enchantereſſe. Les idées, les penſées & les deſirs, qui se renouvellent à chaque inſtant par le moyen d'une imagination & d'une volonté inépuiſables, produiſent un contentement qu'on ne peut exprimer, lorſqu'on ſait ſe répandre dans l'immenſité ſuprême. Dépouillez le Sage des biens, des honneurs, & même de toutes les Sociétés ; & vous le verrez tranquille & joyeux, parce qu'il n'a que des objets immuables pour appuis de ſon bonheur.

Les hommes livrés à la diſſipation des ſens, n'ont que des plaiſirs momentanés, & qui, par la trop grande idée qu'ils s'en faisoient, deviennent insipides lorsqu'ils en jouissent : mais les personnes qui ont la vraie gaieté, se trouvent à toutes les heures au même dégré de satisfaction. Ni les disgraces, ni les prisons, ni la mort même, ne peuvent absolument ravir une pareille joie, parcequ'il faudroit anéantir l'ame pour pouvoir la détruire. Ainsi les plaisirs attachés à l'existence du Philosophe, font partie de son cœur & de son esprit : ils lui servent de richesse & de compagnie, quand tout paroît lui manquer. On se reproduit & on se multiplie, quand on sait profiter de soi-même ; & l'on plaint très-sérieusement ceux dont la féli-

cité se trouve attachée à un Spectacle ou à un Bal.

La réflexion nuit au plaisir des
libertins, parcequ'ils ne peuvent
réfléchir sans avoir des inquiétudes & des remords; mais elle contribue au contentement du Sage,
& même elle en est l'occasion. On
se voit volontiers, lorsqu'on n'a rien
en soi que de calme & de riant : il
n'y a point un plus beau miroir,
qu'une conscience sans reproche.

Le Sage ne connoît que trois
sortes de plaisirs : l'étude, qui consiste à s'instruire, à se ressouvenir,
à imaginer; la conversation, qui
renferme les visites, les repas, les
douceurs de l'amitié; la promenade enfin, qui comprend les voya-
ges & les satisfactions qu'on goûte

à voir les merveilles de la nature &
les chefs-d'œuvre de l'art. Si les
hommes s'en tenoient à ces récréations innocentes, ils étendroient la
fphere de leurs connoiffances & de
leur bonheur. Des plaifirs de toute
efpece, entaffés, pour ainfi dire, les
uns fur les autres, ne forment que
des tourbillons. Les perfonnes naturellement gaies fe font un paffe-
tems des chofes les plus fimples,
parcequ'elles aiment la fimplicité.

Tout plaifir, quelque nom
qu'on lui donne, n'eft qu'une habitude, ou qu'une frénéfie, fi la
gaieté ne l'excite. Cela paroit chez
les mélancoliques, qui ne fe ré-
jouiffent jamais qu'avec indifférence ou avec fureur. L'ame ne veut
qu'elle-même pour infpirer une

véritable joie , parceque rien ne nuit plus au plaisir que tout ce qui est compliqué. Il n'y a point de satisfaction égale à celle de trouver une heureuse pensée , ou l'occasion de faire du bien; alors , dans un espece d'enthousiasme qu'on ne peut exprimer , on paroît ne plus tenir à la terre , & devenir un être tout nouveau : mais ces réflexions sont étrangeres aux esprits rampants & aux mauvais cœurs.

Ce n'est qu'à l'aménité , cette situation douce & tranquille , qu'il appartient de procurer de vrais plaisirs ; sans elle les ris sont forcés , les conversations mornes , les promenades insipides : tout refleurit par-tout où elle s'annonce , & ses charmes , qui s'élancent du fond

du cœur, paroiſſent le ſymbole de
la candeur. Les libertins ne ſauroient comprendre ce langage; mais
il n'en eſt pas moins certain que
leurs ſenſations, dont ils ſe rendent
idolâtres, ne ſont que des engour-
diſſemens qui chatouillent & qui
piquent. Plus ils ſe répandent hors
d'eux-mêmes, & plus ils manifeſ-
tent leur ennui. Le monde n'imagine tant de moyens de ſe réjouir,
que parceque réellement il ne ſe
réjouit pas.

L'amour, en conſéquence, cette
paſſion tantôt ſourde & tantôt turbulente, ne peut ſe mettre au rang
des plaiſirs qu'autant qu'il prend
les nuances de l'amitié. Ainſi ces
rendez vous qu'on croit le comble
du bonheur, ces lettres qu'on eſ-

time comme les plus riches pré-
fents, ces attentions qu'on fuppofe
les expreffions de la volupté, ne
font que des efclavages déguifés, qui
étouffent l'ame, ou qui la tyranni-
fent. On ne s'en apperçoit pas, parcequ'on ne voit rien lorfqu'on aime
paffionnément : on baife même le
nœud de fa chaîne, en croyant le
rompre ; & l'on croit goûter le
plaifir, en ne fentant que des inquiétudes & des déchiremens.

Il n'y a donc pas de doute que
la gaieté ne foit incompatible avec
cet amour immodéré : & comment
pouvoir allier le calme avec le trouble, la fatisfaction avec le repentir,
la réflexion avec l'étourderie, les
ris avec le défefpoir ? On n'exifte
que dans les autres, lorfqu'on aime

fans mesure ; au lieu qu'on vit en foi-même, quand on commande aux paffions. Si nous débarraffions l'ame de ceux que nous aimons, des ornémens qui leur font étrangers, ou des frivolités qui les entourent, nous ne trouverions fouvent qu'un mauvais caractere, ou qu'une ombre de raifon ; mais les plaifirs du monde font une fauffe monnoie, qu'on laiffe courir comme fi elle étoit excellente. Cependant qu'arrive-t-il ? Après avoir bien commercé dans ce genre, on fe retire fans autre avantage que celui d'avoir perdu fon tems.

CHAPITRE IX.

Des Cotteries.

ON appelle Cotteries, des Sociétés particulieres, formées par l'habitude ou par le goût ; elles ont un avantage sur les Assemblées générales, en ce qu'on y rit sans contrainte, & qu'on y parle en liberté : mais les Etrangers, qui n'y sont pas volontiers admis, ou qui s'y trouvent embarrassés comme ne sachant ni les Anecdotes ni la Langue du pays, ne peuvent souffrir ces sortes de rendez-vous. Ils aiment beaucoup mieux une maison où toute la Noblesse se rassemble, & parcequ'ils connoissent toute une Ville dès le premier instant, &

parcequ'ils se perdent dans la foule
sans être exposés à la critique & à
des questions presque toujours gê-
nantes. Paris, en conséquence, leur
paroît un endroit où l'on n'est pas
accueilli aussi gracieusement qu'ailleurs, & où l'on est toujours isolé,
quelque monde qu'on fréquente.
Ils ne pensent pas que, dans une
Ville aussi vaste & aussi peuplée,
il seroit impossible d'y rassembler
toutes les personnes distinguées,
& qu'il n'y a qu'une plaine qui pût
les contenir.

Cependant si l'on veut prendre
le ton de la bonne compagnie, apprendre à converser, former des
liaisons durables, & jouir de la vraie
gaieté, il faut aimer les Cotteries.
C'est dans leur sein, qu'on voit les

caractères se développer, les esprits se ranimer, les ames se réunir. Tout intéresse parmi des personnes qui se voient journellement ; mêmes connoissances, mêmes allures, mêmes goûts, mêmes plaisirs. On y parle avec franchise, on y rit sans gêne, & la confiance fournit plus à la conversation que l'esprit. Les affaires d'Etat, les Nouvelles courantes, les Anecdotes littéraires, les Folies du monde, & même les précieux riens passent & repassent comme des objets capables d'instruire ou d'amuser. Ici, la brochure du jour est déclarée insipide ou piquante ; là, quelqu'événement politique fournit matière à l'entretien : ici, on discourt sur quelque mode naissante, & là, sur quelque point de Philosophie. Aimable variété, qui applique ou qui délasse, qui intéresse ou qui réjouit, selon les circonstances & les besoins!

Les hommes de mérite sont confondus dans ces grandes Assemblées, qui ont tout l'air d'un Bal paré. Il y a trop de personnes qui entrent & qui sortent, qui parlent ou qui jouent, pour pouvoir s'occuper de l'esprit & des talens, & même pour y prendre garde. On n'y paroît qu'avec dignité, on n'y discourt que d'une maniere entrecoupée, on n'y rit qu'avec réserve : ce sont, en un mot, des conversations où l'on ne converse point, & qui, ne se soutenant qu'à l'aide de l'étiquette ou du désœuvrement, n'inspirent ni confiance, ni gaieté. La

grandeur y trouve plus son compte ;
mais la liberté n'y est pas à son aise.

Cependant comme les mœurs
varient selon les Pays, & que tous
les hommes n'ont pas le même
goût ou la même aptitude à converser ; il faut respecter les usages :
& d'autant mieux que ce qu'on
nomme assemblée en Italie, s'ap-
pelleroit cohue en France ; & que
ce qui passe pour enjouement à
Paris, seroit regardé comme étour-
derie à Londres. Mais malgré la
diversité de ces nuances, qui em-
bellissent les différentes faces de
l'univers, les Cotteries sont le plus
doux lien de la Société : elles re-
veillent l'esprit, elles dilatent le
cœur, elles répandent la joie, elles
engendrent l'amitié ; & l'on peut

dire

dire que, fans la répétition éternelle des mêmes jeux, il n'y auroit
rien de plus agréable que les con-
verfations Françoifes.

Lorfqu'un cercle ne s'étend pas
au-delà de neuf ou dix perfonnes,
l'entretien devient général, & l'on
a le plaifir d'entendre le Philofophe ou l'Orateur, & de les admirer. C'eft une efpece d'Academie,
où chacun parle à fon tour, & s'inf-
truit fans paroître avoir befoin
d'inftructions, & fans avoir l'air de
les recevoir. Les femmes bien nées,
dont l'efprit pénétrant & délicat
apperçoit plus promptement les
défauts, rendent leurs Cotteries
d'excellentes écoles pour les jeunes gens : elles examinent jufqu'à
leurs geftes, & jufqu'à leurs re-

gards; & comme elles ont droit de tout dire, & qu'elles disent tout avec grace, elles donnent des avis qui semblent des complimens.

» Le plaisir de la Société entre les » amis, dit l'inimitable La Bruyere, » se cultive par une ressemblance de » goût sur ce qui regarde les mœurs, » & par quelque différence d'opi- » nions sur les Sciences. Mais je sou- tiens que cette culture n'est agréable & utile, qu'autant qu'il y a de la gaie- té : autrement l'uniformité de pen- ser sur la conduite dégénéreroit en une froide monotonie, & la diver- sité des sentimens sur l'article des études engendreroit des disputes pédantesques & dangereuses. La gaieté peut donc s'appeller l'em- bellissement des Cotteries, puisque

ſes charmes animent & tempérent
les entretiens, de ſorte que, quelque matiere qu'on traite, on n'y
reſpire que la douceur & l'urbanité.

Si les hommes étudioient davantage le véritable eſprit des Cotteries, ils en ſentiroient l'agrément,
& ils ſe lieroient plus volontiers;
mais l'intérêt & la frivolité ſont
deux grands obſtacles aux liaiſons.
Où l'on ne penſe qu'à parvenir,
ou l'on ne fait que voltiger d'un
cercle dans un autre, ſans autre but
que celui de s'oublier. Cependant,
lorſqu'on connoît le prix de l'amitié, quel plaiſir de ſe retrouver avec
ceux qu'on chérit, de leur ouvrir
ſon cœur, d'entrer dans un commerce de paroles & de penſées qui
renouvellent l'ame en quelque ſor-

te, & la multiplient, de mettre en un mot ſes ris, ſes plaiſirs, ſes ſécrets mêmes en commun, pour qu'il en réſulte une joie égale & univerſelle!

Les Cotteries furent en honneur dans tous les tems chez les Perſonnages les plus célebres. Il n'y a que les hommes ſans humanité qui voient tout le monde indifféremment, & qui ne s'apperçoivent ni de la mort ni de l'abſence des autres. Si l'on ne fréquente que des Aſſemblées générales, on riſque de contracter peu-à-peu cette inſenſibilité. On ſent bien moins la néceſſité des liaiſons, lorſqu'on eſt dans la foule ; alors tout paroît égal, pourvu qu'on voie du monde. L'amitié a décliné, à meſure que le faste & l'ambition ont formé ces conversations solemnelles, qui ne font, à proprement parler, que des audiences, où chacun avide d'obtenir un mot, & même un régard, passe tout son tems à craindre & à espérer. Je ne prétens pas ici parler des *Gala*, ces jours si sagement établis pour rendre hommage aux Souverains, & qui les rapprochent de leurs Sujets ; ces jours qui procurent à toute une Noblesse l'occasion de se voir, & qui n'arrivant que de loin en loin, n'apportent nul obstacle aux petites Societés. Il seroit même à desirer que cet usage passât en France ; les Etrangers y trouveroient une ressource, & les gens du Pays une consolation. On croira peut-être que j'ai

H iij

voulu justifier toutes les Cotteries, & l'on se trompera. La frivolité du siecle a engendré des Societés ridicules, qui ont fait divorce avec le bon sens; des Societés, où une femme à prétention vient jouir de tous ses avantages, recueillir les fruits de six heures de toilette, employer impunément de jolis riens, des tons enfantins, des souris prémédités, des gestes séduisans, des minauderies, des coups d'éventail, des vapeurs, & même des évanouissemens.

Des Societés, où un Abbé élégant & douillet est l'homme desiré, l'homme nécessaire, l'homme universel, qui, dans un même jour, se trouve aux Sermons, aux plaidoyers, aux toilettes, aux promenades, aux fpectacles , aux grands repas ; qui réfute une propofition contraire à fes préjugés ; qui baiffe les yeux au moindre propos équivoque, pour montrer de la modeftie, mais qui fourit en même-tems pour ne pas paroître fans intelligence ; qui fait enfin le nom , l'ufage, le prix , & la boutique de tous les pompons & colifichets nouveaux-nés.

Des Societés, où le Petit Maître, à talons rouges , à plumet frifé, à bouquet ambré, entre en fredonnant, fait dix révérences en pirouettant, voltige çà & là ; attaque la prude, perfiffle l'Abbé, contredit le Nouvellifte, parle de chiens, de chevaux, d'équipages, fait voir le portrait d'une Dame adorable,

H iv

se rajuste devant un miroir, sort enfin en cabriolant, & court à quatre soupers divins.

Des Societés, où un Nouvelliste du bon ton a sa place marquée, raconte toutes les circonstances d'un fait, l'assaisonne de mille réflexions, en connoît les causes dont il va chercher la source dans le quinzieme siécle, en prévoit les suites, & prétend toujours tenir tout de la premiere main, parcequ'il a toujours vu quelque Prince, ou quelque Ministre.

Des Sociétés, où un bel esprit, plein de lui-même, croit illustrer le cercle où il paroît, n'est jamais du sentiment reçu, attaque les Ecrivains les plus célebres, & goûte l'honneur d'avoir frondé la Religion dans un Livre que sa flétrissure a rendu célebre.

Des Societés, où une prude renonçant au monde qui la quitte, & débitant une morale amere que l'âge & le dépit lui inspirent, se fâche contre toute personne qui ose avoir un joli visage.

Des Societés, où une Joueuse impatiente & distraite s'ennuie de tout propos qui ne ramene point au jeu, jusqu'à ce que, nichée dans la place qu'elle croit heureuse, elle se fâche contre les mauvaises cartes qu'on lui donne, elle coupe d'un air colere, elle ouvre son jeu en murmurant, perce la nuit, & fait donner parole qu'on reviendra le soir de meilleure heure.

Mais laissons ces ridicules pour

H v

revenir aux Cotteries raiſonnables, où l'Abbé s'annonce comme un Eccléſiaſtique, où le Petit-Maître paroît avoir oublié ſa fatuité, où la femme qui joue n'eſt point une joueuſe, où l'Auteur n'eſt ni bavard ni pédant. C'eſt là que cette gaieté philoſophique, l'agrément de la raiſon, ſe ſaiſit des ames, & ne préſente à l'imagination que des objets gracieux; c'eſt là qu'on perd de vue ſes affaires, ſes études, & même ſes chagrins domeſtiques, pour reſpirer un air de contentement & de liberté; c'eſt là qu'on rappelle les anecdotes du jour, pour en faire un ſujet d'entretien, & peut-être de plaiſanterie; c'eſt là qu'on ſe perfectionne dans l'Art du ſavoir vivre, & qu'on apprend à écouter avec profit, & à narrer avec précision.

Quant aux Cotteries Angloifes, quelqu'intéreffantes qu'on les fuppofe, nous ne les croyons gueres propres à être citées comme exemple dans un Ouvrage fur la gaieté. Le morne & le bruyant y contraftent d'une maniere fi finguliere, qu'on ne peut ni le définir ni le comprendre. Il faut autre chofe que du *Punch* pour égayer l'ame, & pour lui procurer une joie folide & agréable. C'eft par cette raifon que les repas n'ont point en eux-mêmes de quoi réjouir, s'ils ne font affaifonnés de cette franchife & de cette aménité qui mettent les convives à l'aife. Ainfi le moindre dîner en France a mille fois plus

d'agrément que toutes les tables
fastueuses de Pologne, où l'on ne
parle que pour boire à la santé des
uns & des autres, & où la confu-
sion empêche de rien entendre.

Les grands repas, ainsi que les
spectacles, font la destruction des
Cotteries, qui ne se soutiennent que
par le petit nombre & par la con-
venance des personnes. Mais je ne
sais pourquoi les Nations sérieuses
aiment les comédies bouffonnes,
tandis que les François ne sauroient
les supporter. L'homme sans doute
aime à sortir de son caractere, lorfqu'il se réjouit : ou plûtôt celui qui
a ri toute la journée, aime à s'inf-
truire lorsqu'il court au théâtre ;
de même que celui qui a été grave
du matin au soir, cherche quelque

paſſe-tems qui l'égaye. Il n'y a que les foux qui affectent continuellement l'air ſérieux, ſelon cette belle maxime du célebre La Rochefoucaut. *Il eſt une folie grave, concertée, & contente d'elle même, qui a un certain air de ſageſſe plus impertinent mille fois, que cette folie étourdie & plaiſante qui ne fait nulles réflexions.*

Le ſérieux, marqué au coin du ridicule, n'eſt pas à ſon aiſe dans les Cotteries. La liberté qui y regne le contredit perpétuellement: d'ailleurs on agace une perſonne qui ne parle, ni ne rit, & on la force, comme malgré elle à ſe prêter à l'amuſement de la Compagnie. Les Pays où l'on fume continuellement, laiſſent la gravité toute entiere jouir d'elle-même tant qu'elle veut. Chacun, à l'aide d'une pipe, a droit de paroître automate, & peut-être de l'être. Ceux qui croient que le silence suppose une ame plus pensante & plus recueillie, sont dans l'erreur ; la taciturnité n'est souvent que le surtout de l'ignorance : combien de personnes perdroient leur réputation, si elles se hazardoient à parler !

On apperçoit une différence étonnante entre les Nations enjouées & sérieuses. Celles-ci traitent les affaires les moins importantes avec toute l'attention & toute la gravité, s'attachent fortement à leurs titres, à leurs possessions, & s'appuient sur cette terre comme sur des fondemens éternels ; celles-là au contraire donnent simplement

un coup d'œil sur les objets, & regardent ce monde comme une fleur
qu'on cueille, qu'on flaire, qu'on
admire, & dont on connoît la courte dureé. Ainsi la gaieté n'est pas toujours une legereté, comme on se l'i-
magine. Il y a si peu de choses inté-
ressantes ici-bas, lorsqu'on les envisage philosophiquement, que c'est
une sagesse de n'y prendre garde
que pour s'en amuser. Nos préjugés, nos coutumes, nos étiquet-
tes, nos cérémonies, nos modes, &
nos affaires mêmes, deviennent encore mille fois plus ridicules, lorsque nous n'avons pas l'esprit d'en
rire & de les apprécier.

La Société des personnes gaies
ne se dissout jamais : soit en Ville,
soit à la campagne, soit à table, soit

au jeu, foit en fe promenant, foit en converfant, elles ne paroiffent ni diftraites ni ifolées. Il n'en eft pas ainfi de l'homme férieux, qui, ordinairement plus occupé de lui-même que des autres, paroît ne fe complaire que dans fa propre exif-tence : il lui eft indifférent fi l'on parle ou fi l'on rit, fi l'on difpute ou fi l'on joue, parcequ'il s'eft fait une loi de ne préfenter qu'un bufte à la Compagnie qu'il daigne hono-rer de fa préfence.

Le férieux étant le caractere le plus général, je m'expofe fans doute à avoir beaucoup de contradicteurs; mais pour ne pas déplaire à la mul-titude, doit-on déguifer la vérité? Je voudrois que ceux qui admirent tant la gravité ; & qui la croient le comble de la raifon, la viffent en oppofition avec une fage gaieté : à moins qu'ils ne fuffent triftes comme une Ville *Anféatique*, * ils ne balanceroient furement pas à préférer cette humeur qui prévient, qui parle, qui rit, qui intéreffe, & qui attache. La gaieté prend toutes fortes de formes pour plaire & pour amufer, tandis que le férieux toujours uniforme & toujours monotone, n'annonce qu'une ame mécontente d'elle-même ou des autres. Si les Peintres n'avoient exprimé que le férieux, la Peinture n'auroit furement pas tant d'admirateurs.

* On appelle villes Anféatiques certaines villes de l'Empire, telles que Nuremberg & autres, où il regne un ferieux, & un morne capables d'allarmer ; quoique les Allemands en général foient nés pour la focieté, & très empreffés à bien accueillir les Étrangers.

CHAPITRE X.

Des Jeux.

Tous les Fondateurs des Républiques ou des Monarchies instituerent des fêtes & des jeux, comme un délassement nécessaire. Il n'y a point de Pays qui n'ait des divertissemens analogues aux mœurs & au climat. Les uns s'amusent par des luttes, des danses, des carrousels ; les autres par des jeux de hazard, ou de combinaison : mais quoi qu'il en soit, nous pouvons dire qu'on ne joue plus aujourd'hui de maniere à exciter la gaieté. On se rassemble autour d'un tapis aussi gravement

que s'il s'agissoit de discuter une affaire épineuse, ou de résoudre un
problême; & la cupidité, qui est ordinairement l'ame de toutes les parties, permet à peine l'usage de la
respiration. On avertit gravement
quelqu'un qui ose rire ou parler,
qu'il faut se taire, parceque l'on
joue, comme si c'étoit un malheur
d'être distrait dans un moment où
l'on ne doit chercher qu'à s'amuser.

Je conçois facilement que des
personnes dont la vie n'est qu'une
succession de désœuvrement &
d'ennui, aient le courage de passer
les journées à remuer des cartes,
& à les étudier ; mais je ne puis
comprendre que des gens d'un esprit vif & laborieux quittent une
étude pour en reprendre une autre,

& captivent leurs oreilles & leurs yeux de maniere à répéter mille fois le même genre d'application, ou à essuyer toute la mauvaise humeur & souvent les supercheries d'une joueuse atrabilaire & rusée.

On a laissé dépérir ces jeux de Société dont nos Peres faisoient si souvent usage, ces jeux qui ne dépendant ni du nombre des personnes, ni de leur savoir, mais seulement de la bonne humeur, n'entraînoient ni perte d'argent, ni impatience, ni ennui. On rioit alors, & l'on ne craignoit pas les distractions, parcequ'on ne jouoit que pour se distraire. Autres tems, autres mœurs ! On regarde maintenant comme un être inutile quicon que n'a pas le courage ou l'habi-

leté de s'ennuyer pendant six heures, ou de percer les nuits à épuiser
sa santé. Jamais on n'eut tant d'ardeur pour le plaisir, & jamais on
ne le connut moins. On court aux
Assemblées avec vîtesse, on y reste
par désœuvrement, & l'on s'en re-
vient avec dégoût.

Mais je demande où la gaieté
sera-t-elle de mise, si ce n'est au milieu des jeux ? devrons-nous donc la
réserver pour le tems des études
& des affaires ? Il est inconcevable
comme nous avons renversé l'ordre des sages coutumes & de la raison ! Nos travaux, nos plaisirs, nos
besoins, se confondent : ce qui devoit être l'occupation du jour, devient celle de la nuit ; ce qui devoit
amuser, applique ; ce qui devoit

délasser, fatigue : & l'argent, qu'on n'auroit dû employer qu'au bien de l'humanité, entre dans les détails du jeu, comme dans ceux du ménage. On croit en conséquence qu'on ne peut plus s'amuser, si l'on n'est riche ; & les divertissemens les plus agréables paroissent insipides parcequ'ils ne coutent rien.

Ce n'est pas ainsi que raisonne la gaieté ; elle n'aime pas les jeux qui s'achetent, parcequ'elle sent n'avoir besoin que d'elle-même pour se réjouir. Les promenades qui se mesurent à la toise, les parties qui se pesent au poids de l'or, n'annoncent que de la gêne, de l'inquiétude & de l'ennui. On a rendu les jeux de commerce aussi ruineux que ceux de hazard, parcequ'on sacrifie tout à la cupidité, de sorte que les personnes qui ne jouent point, sont bien moins intéressées que celles qui jouent.

C'est cette façon bizarre de s'amuser, qui fait qu'on ne converse plus. Les Joueurs ont beau prétexter qu'on ne médit point lorsqu'on remue des cartes; on n'est pas dupe de leurs raisons. On sait que la médisance n'est point une partie essentielle de la conversation; que ceux qui ont la malheureuse habitude de parler mal du prochain, en trouvent toujours l'occasion; qu'on a l'art de placer au jeu des coups-d'œil & des demi mots, souvent plus malins que des entretiens, & qu'enfin on apprendroit à discourir raisonnablement, fi l'on vouloit moins jouer.

Je ne prétens point ici qu'on doive profcrire les cartes comme un divertiffement odieux ; mais je voudrois qu'on n'en fît pas une étude , & que , plus ami de la Société que du gain , on converfât tout en jouant : je voudrois qu'on ne fût point affujetti à des parties qui durent deux & trois heures , parceque toute récréation doit être libre : je voudrois que lorfqu'on a le bonheur de pofféder des perfonnes de mérite , on fufpendît au moins le jeu pour leur faire compagnie ; qu'on ne regardât pas un homme avec indifférence , parcequ'il ne fait pas jouer : je voudrois que le hazard formât un *Piquet* ou *Tri* , mais que ce ne fût ni habitude ;

tude, ni loi ; qu'on ne se fît point une petite guerre à force de vouloir gagner, mais que le principal intérêt fût le plaisir de s'amuser : je voudrois enfin que l'amour du jeu ne fût qu'un moyen de se délasser.

On croira ces conditions onéreuses, & cependant elles sont essentielles pour maintenir la gaieté, qui disparoît de jour en jour depuis qu'on a des jeux combinés & prémédités, des jeux qui sont une espece de persécution pour ceux mêmes qui s'y livrent. Reprenons les noix d'Esope, & les épingles de Mallebranche ; & nous verrons que ces jeux ne nous semblent puériles, que parceque nous ne sommes pas Philosophes, & parce-

I

que nous avons voulu jouer éter-
nellement. La vraie Philofophie,
fimple dans fes amufemens, ainfi
que dans fes mœurs, fe rit de ceux
qui ne fe réjouiffent que par intérêt ou par combinaifon : elle faifit
le premier divertiffement qui s'offre, tel qu'une boule ou un vo-
lant, parceque, lorfquelle fe dé-
laffe, elle ne croit pas devoir s'occuper.

Rien ne donne plus envie de fe
réjouir & de jouer, que la vue des
Cofaques; ces Peuples, qu'on croit
barbares, ont l'air de vouloir toujours rire & danfer. Tous ceux
que j'ai vu dans la Ruffie rouge, ex-
citoient la joie parmi leurs camara-
des, & amufoient leurs maîtres de
maniere à fe faire rechercher. Un

homme qui ne tient à rien, pas même à fon corps, n'a ni chagrin ni embarras; & c'eft le cas du Cofaque, dont l'Univers eft la Patrie, & la petite guerre le feul moyen de fubfifter. Tous les endroits où les jeux de paulme, de quilles, de boule & de billard font ufités, infpirent la gaieté, & ce n'eft qu'à mefure qu'on les a négligés, qu'une efpece d'engourdiffement a faifi les efprits. Nous voyons encore que le peuple fe réjouit beaucoup mieux que les grands, parceque ces jeux font des exercices.

I 2

CHAPITRE XI.

Des Ris.

LE rire, que les faux dévots regardent comme un scandale, est une faculté qui nous distingue des animaux, un signe naturel qui dénote la joie du cœur, & que l'Ecriture ne fait point difficulté de prêter à Dieu, même dans ces occasions, où elle s'accommode à notre manière de concevoir les choses & de les exprimer. Les Pseaumes, l'Ecclésiaste, le Livre de la Sagesse, nous disent que Dieu se rit au plus haut des Cieux, qu'il se joue dans cet Univers, & qu'il se moque des impies. D'ailleurs, quel eſt le perſonnage le plus ſaint qui n'ait pas ri dans ſa vie ?

Les ris devroient toujours être avoués par le cœur ; mais l'on voit peu d'hommes rire de bonne foi. Si du moins on ne ſourioit que par habitude ou par complaiſance, on rempliroit ſouvent des devoirs de Société ; mais malheureuſement on s'accoutume à une certaine dupli-cité, qui met les levres en contra-diction avec le cœur. Delà ces vi-ſages riants qu'on prend comme un maſque à la vue d'un ennemi qu'on voudroit anéantir ; de-là ces politeſſes dont on uſe à deſſein de tromper ; de-là ces fauſſes confiden-ces qu'on ſe fait ſi volontiers ſous prétexte d'amitié, & qui ne ten-dent qu'à ſe déchirer avec plus de

ſuccès ; de-là cette défiance univerſelle qui régne dans les Sociétés.
Toutes les facultés dont la nature
nous a doués pour bien rendre nos
ſentimens & nos penſées, ne ſont
plus que des ſignes équivoques.
Nous éprouvons continuellement
en nous - mêmes les révolutions
d'une anarchie : l'eſprit s'empare
des fonctions du cœur, les ſens de
celles de l'ame ; & nos paroles,
ainſi que nos démarches, deviennent des mouvemens qu'on ne
peut ni approfondir ni débrouiller.

Nos Peres, dont la candeur perçoit à travers les moindres geſtes,
ne rioient ni par grimace ni par
contrainte : ils n'exprimoient au-
dehors que ce qu'ils ſentoient intérieurement , parcequ'ils étoient

simples, & conséquemment since-
res. Il faut avouer que les ris sans
apprêt, & qui naissent d'une amitié réciproque, ont un mérite qu'on
ne connoît bien que lorsqu'on chérit l'humanité : ils sont les inter-
pretes d'une ame contente, dont les
épanchemens dissipent le chagrin
& l'ennui ; ils rendent la Société un
commerce de satisfactions & d'a-
grémens ; ils ont le talent de la con-
ciliation ; ils font en un mot, que
les hommes se suffisent en quelque
sorte à eux-mêmes, sans recourir
à l'Art des Théâtres, qui ne subsis-
tent, selon la remarque du Philosophe Rousseau, que sur les débris
des Cotteries innocentes où l'on
savoit rire & s'amuser.

Voilà ce que produisent les véritables ris ; mais bien des perfonnes de ce fiecle mourront fans les con- noître. Nous avons fait , à force de rafinemens, une nouvelle gaieté, qui n'eft analogue ni à la Philofophie ni à l'Humanité : on ne fe réjouit point, lorfqu'on veut de l'art & de la méthode ; de même que l'on ne fait pas converfer quand on n'aime que les nombreufes Affemblées.

Ce feroit ici le lieu de détailler toutes les différentes manieres de rire qu'on apperçoit dans la Société, & qui contribuent à fon embelliffement ; mais il fuffit de favoir que chaque paffion a une façon de rire qui lui eft propre. Le libertin ne rit pas comme le dévot, ni l'ambitieux comme le Philofophe. Il

y a des tons & des dégrés qui di-
versifient la gaieté à l'infini, & qui
la rendent personnelle. Cependant
on doit s'appliquer à ne jamais rire
aux dépens des autres, à éviter ces
ris contempteurs qui supposent une
ame basse ou jalouse, & à se faire
un visage de Société, qui ne soit
pas l'ouvrage de l'hypocrisie, mais
celui de la complaisance. Ainsi les
personnes taciturnes, qui trouvent
du plaisir à rêver & à s'attrister,
peuvent conserver leur mélancolie;
mais sans la faire paroître, parceque la Société a droit d'exiger qu'on
se modifie selon ses usages & ses
loix. Eh, que deviendroit l'Univers, s'il n'y avoit pas un goût général qui déterminât les goûts
particuliers ! On mêleroit indistinc-

I 5

tément les larmes & les ris ; &
nos Affemblées ne feroient plus
qu'un commerce de bizarrerie &
d'humeur.

Si l'on connoiffoit le mérite de
ces ris gracieux qui développent le
caractere & qui annoncent la bien-
faifance & la candeur, on ne fe pré-
fenteroit qu'avec un vifage riant, ou
l'on rougiroit de n'avoir pas les qua-
lités aimables qui honorent l'humanité. Les ris, lorfqu'ils font finceres,
excitent la confiance, engendrent
l'amitié, réveillent l'efprit, deviennent le lien des Affemblées & des
repas. On doit autant les defirer
dans le commerce de la vie, qu'on
doit redouter les ris malins, ces té-
moignages d'une ame orgueilleufe
ou perfide. Les perfonnes qui rient

de bon cœur n'ont ordinairement
ni vengeange, ni méchanceté ; &
il suffit, pour s'en convaincre, d'envisager quelque rieur dans le tems
qu'il s'épanouit : on voit toutes
ses pensées se reproduire sur son
visage, & toute son ame se développer.

Si l'on blâme les ris, parceque
souvent ils sont hors de propos &
même indécents, il faudra pros-
crire aussi les paroles. Ce n'est jamais que l'abus, qu'on doit con-
damner & éviter ; il n'y a rien de
plus pitoyable qu'un mauvais plai-
sant, comme il n'y a rien de plus
aimable qu'une personne raisonnablement enjouée. Lorsqu'on rit
du fond du cœur, on annonce qu'on
sent le plaisir d'exister, & qu'on

jouit d'une conscience pure & paisible. Mais il ne faut pas croire que ce doivent être des éclats. Ceux qui paroissent rire avec plus de force, n'ont souvent qu'une gaieté empruntée. L'ame du Sage recele en elle-même la véritable joie ; & ses moindres gestes, ainsi que ses moindres expressions, font autant de témoins qui constatent sa réalité.

Démocrite s'acquit le nom de Philosophe en riant toujours, parce-qu'il ne s'agit que du motif qui détermine à rire. Nous aurions sans doute droit d'imiter un pareil exemple, nous qui vivons dans un siecle vraiment ridicule par ses modes, par ses frivolités, par ses paradoxes ; mais on attribueroit aujourd'hui de pareils ris à la malignité ou à l'humeur. Cependant, selon l'expreſſion d'Horace, on corrrige les mœurs en riant, & ſouvent l'ironie vaut mieux qu'une réprimande.

Nous finirons ce Chapitre par une réflexion qui ne trouvera ſûrement pas de contradicteurs : c'eſt qu'il n'y a perſonne, de quelque pays & de quelque caractere qu'on le ſuppoſe, qui n'aime à voir un viſage riant, & qui n'y reconnoiſſe un charme aſſez puiſſant pour déſarmer la colere & la fureur. Je ne parle point ici de ces phyſionomies apprêtées, que les femmes frivoles ont l'art de ſe faire à l'aide d'un miroir ; mais de ces ris naturels, qui développent une ame innocente & tranquille, & qui ſemblent le lan-

gage de la candeur. De tels ris
peuvent s'appeller des demi vertus ; car ils enlevent fouvent les fuf-
frages, & ils triomphent de la ru-
deffe & de l'obftination : on ne peut
s'empêcher de les aimer, de même
qu'on eft forcé d'admirer un beau
jour. C'eft fans doute une folie de
rire au hazard, & continuellement ;
mais c'eft un grand avantage d'avoir
toujours le vifage riant.

CHAPITRE XII.

Du Chant.

LA gaieté n'a point de langage plus expressif que le Chant; & nous voyons que la nature ranime la voix des oiseaux, sitôt que le Printems vient couvrir la terre de fleurs, & répandre l'allégresse.

L'homme, Berger dans son origine, après avoir écouté le souffle des zéphyrs, le murmure des eaux, le bourdonnement des abeilles, s'efforça de les contrefaire; & tantôt à l'aide d'un chalumeau, tantôt par le seul mouvement de sa voix, il forma des tons & des modulations qui exprimerent son bonheur

& sa joie. Il lui fut d'autant plus facile de réussir dans ce genre, qu'il n'y avoit alors ni guerre ni injustice capables de troubler la paix ; mais les plaintes & les larmes naissant avec les maux qui vinrent désoler l'Univers, on crut devoir recourir à l'Art pour produire une musique capable d'engourdir la douleur. Bientôt on vit éclore les Cantates & les Ariettes, les Vaudevilles & les Chansons ; & les Villes & les campagnes se trouverent remplies d'Habitans qui charmerent leur ennui par le plaisir de chanter.

Cet agréable exercice, varié à l'infini, désigne les mœurs des diverses Nations. Le Polonois, naturellement mélancolique, ou par la raison du climat, ou par la forme du

Cependant quel plaisir de déployer sa voix en même-tems que
son cœur, & de peindre par des
sons les mouvemens tranquilles
d'une ame heureuse & naïve! Quel
plaisir d'unir son Chant au ramage des oiseaux, & d'agacer une
Compagnie, ou de la réveiller par
ces Chansonnettes innocentes qui
ne blessent ni la Religion ni les
mœurs! Il y a plusieurs motifs qui
engagent à chanter; souvent la
peur, le chagrin, & même la colere y excitent : mais lorsqu'on est
en Société, on ne peut chanter que
par gaieté, à moins que ce ne soit
que par complaisance. D'ailleurs,
pour peu qu'on connoisse les res-
sorts du cœur humain, & l'impression que ses mouvemens produi-

sent à l'extérieur, on distingue facilement d'où naît l'envie de chanter. L'ame s'unit toute entiere aux
Chants qui proviennent de la gaieté, au lieu qu'elle ne prend aucune
part à ceux qui se font entendre au
moment de quelque forte passion.

Si notre esprit & notre cœur
étoient dans une parfaite harmonie, nous goûterions davantage le
plaisir de chanter; alors nos voix
ne feroient que rendre ce qui se
passeroit au-dedans de nous, & elles se trouveroient à l'unisson de
nos idées & de nos sentimens :
mais nous avons toujours des affections qui détonnent, & qui contre-
disent intérieurement les sons que
le mouvement de nos levres produit.

Ceci nous ramene tout naturellement à la gaieté philofophique,
en nous faifant voir qu'il n'y a
qu'elle qui foit la mere des vrais
plaifirs. Soit qu'on chante, foit
qu'on converfe, & même foit qu'on
fe taife, on éprouve une fatisfaction qui paroît multiplier notre
exiftence, & nous ravir au delà des
bornes du monde. Rien n'eft hy-
perbolique dans ces expreffions : il
fuffit d'envifager les perfonnes rai-
fonnablement gaies, pour appercevoir *l'hilarité*, fymbole de la véritable joie.

CHAPITRE XIII.
Des bons mots.

Tous les Anciens eurent leurs bons mots, que l'Hiſtoire a cru devoir nous tranſmettre ; & les Peres mêmes de l'Egliſe ne firent pas difficulté de les employer contre les Héréſiarques & les Impies. Il ne s'agit que de s'en ſervir avec vérité, & avec diſcrétion. Les pointes ſont un ſel Attique ; mais qui, tel que celui que nous répandons ſur nos mêts, doit être employé ſobrement. Ainſi les diſeurs de bons mots, qui, à l'imitation de Séneque, laſſent par des excès d'eſprit, dépouillent la Société de ſes agrémens naturels. On aime une converſation où chacun parle à ſon tour, & où l'on ne court ni après les phrases ni après les saillies.

D'ailleurs, les personnages affichés pour beaux Esprits, n'ont souvent qu'une morgue, qu'un ton, & ne s'établissent les arbitres des plaisirs & de la raison, que parcequ'on n'a pas le courage de les contredire, ou le talent de les deviner. L'imagination, quelque brillante qu'elle soit, a ses momens de repos, ainsi que tout ce qui existe dans la nature. On ne fait que répéter ou dire des choses extravagantes, lorsqu'on veut continuellement imaginer. L'esprit s'épuise parcequ'il est limité, comme le corps dépérit parcequ'il est terrestre. De-là naît cette insipidité dans la plupart des Ouvrages qu'on nous

a donnés sous le titre de bons mots;
delà vient qu'il y a toujours moins
d'équité que de prévention en faveur des beaux Esprits, & qu'il faut
souvent essuyer mille mauvais mots,
avant d'en entendre un bon.

Mais comme je ne veux point
leur ravir toute l'estime qu'ils s'ap-
proprient, je dirai que les pensées
brillantes n'ont souvent qu'un éclat
momentané qui dépend de la cir-
constance & de la compagnie, &
que ce n'est pas rendre service à
leurs Auteurs de les répéter; je dirai que les meilleurs saillies sont
celles qu'engendre l'à-propos, &
que souvent le ton & l'air même
de la personne qui parle, leur donnent plus de la moitié de leur prix;
je dirai enfin que tout *impromptu*
exige

exige une indulgence qu'on n'ac-
corderoit pas à une réflexion.

Plusieurs personnes s'imaginent
que tout homme à bons mots est nécessairement une personne d'esprit;
& elles se trompent : ce n'est souvent qu'une certaine vivacité, comme celle qui devine tout-à-coup les
logogryphes & les énigmes. L'habitude d'ailleurs, ainsi que la gaieté, rendent l'imagination propre
aux saillies. Le Pape Benoît XIV
avoit peut-être moins d'esprit que
d'érudition ; mais naturellement
gai,& né dans une Ville où le Peuple même s'exprime d'une maniere
comique,il dit des choses facétieuses
jusqu'à la mort. Il y a des esprits
prompts qui ne peuvent rien retenir, & qui, échauffés par la pré-

fence des objets, ou par la force
d'un difcours, produifent fans s'en
appercevoir des chofes très-agréa-
bles; c'eft un vin de Champagne,
qui s'élance & qui pétille fitôt qu'on
le remue. Ainfi les Gafcons, qui,
felon l'expreffion de Fontenelle,
paroiffent avoir leur efprit en argent comptant, ne font ni plus capables ni plus célebres que les autres Peuples.

Les caprices des Langues contribuent auffi aux bons mots. Il n'y
a point de Peuple, dont l'idiome,
ou le jargon, ne renferme des équivoques. Cela fe voit fur-tout chez
les Italiens, qui prennent continuellement plaifir à donner le change
par des doubles fens ; mais mal-
heureufement c'eft quelquefois aux

dépens de la bienféance. La malignité, qui étudie les bons mots,
eft un autre inconvénient. On
ne s'arrête qu'avec peine, lorfqu'on a le talent de faire rire ;
& fouvent l'on facrifie fa fortune, ou fon ami. Il en eft de l'efprit comme du vin : lorfqu'il fermente avec trop de violence, il s'aigrit ; & l'on devient infenfiblement
cauftique, en croyant n'être que
plaifant : un mot èn amene un autre, & l'on eft tout étonné, à la fin
d'une converfation, d'avoir irrité,
ou fcandalifé.

Ces écarts d'imagination doivent
nous rendre très-circonfpects à l'é-
gard des bons mots, & nous convaincre qu'on aime beaucoup mieux
l'homme qui parle avec candeur

que celui qui rit d'un air équivoque. La Société ne permet que
ces heureuses effervescences d'esprit, qui engendrent des propos
agréables & utiles. On craint pour
soi-même, lorsqu'on voit les autres
couverts de ridicules & l'objet de
la dérision. Il faut accoutumer l'a-
me à une certaine vivacité qu'on
puisse tempérer, & ne la faire agir
que d'une maniere qui plaise à tout
le monde. Alors les saillies réjouissent, intéressent, raniment la conversation, & n'excitent que de l'admiration. Mille fois un bon mot
a réveillé des esprits qui s'assou-
pissoient, & a dissipé l'ennui. Si
l'on goûte du plaisir à entendre répéter ceux des Auteurs célebres,
on doit bien en sentir davantage

lorſqu'ils naiſſent ſur-le-champ.

L'eſprit poétique eſt plus propre aux bons mots, parcequ'il eſt moins méthodique & plus entre-coupé : ſes lueurs paroiſſent des étincelles qui ſortent d'un feu d'artifice. Lorſqu'on a de la verve, on trouve les ſaillies comme la rime, & cet exercice, excite continuellement l'imagination : mais il n'y a que la gaieté qui ſoit la mere de ces agréables *in-promptu* dont la Société fait ſon amuſement; il n'y a qu'elle qui folâtre ſans bleſſer la Sageſſe, qui critique ſans irriter perſonne, qui s'explique librement ſans choquer la bienſéance. La Philoſophie prend le ton pédant, la Poéſie celui de l'enthouſiaſme, la Politique ne parle qu'à demi-mot;

tandis que la gaieté s'exprime d'un ton modeste & agréable.

Nous ne parlons point ici des bons mots que la suffisance & l'impiété osent produire contre la Religion, parceque nous ne croyons pas qu'on puisse appeller gentillesses, des blasphêmes qui naissent d'un esprit pervers, & souvent corrompu. On est bien misérable, lorsqu'on ne sait briller qu'aux dépens de la raison; bien étranger aux vrais plaisirs, lorsqu'on goûte de la satisfaction à railler les choses les plus saintes; & bien aveugle, lorsqu'au milieu de tant de folies qui donnent matiere à rire, on s'imagine ne pouvoir se réjouir qu'en s'égayant sur les merveilles de la suprême Sagesse. Les ridicules furent toujours la res-

source des petits esprits : incapables
de saisir le grand, & de connoître
le majestueux, ils ne s'attachent
qu'à des superficies ; ils s'imaginent
en conséquence qu'une Epigram-
me ou qu'un Roman doivent
anéantir toute la Morale & toute
la Foi.

Si l'on s'en tient à cette gaieté
philosophique que nous tâchons
d'inspirer, on n'entendra que des
propos respectueux envers la Religion & les Loix, on ne rira que
de choses indifférentes, & l'on
ne donnera d'essort à l'imagination
que pour délasser l'esprit. Il y a
des personnes qui séduisent par les
charmes de leur conversation, &
qui ne laissent jamais échapper, ni
la moindre médisance, ni la moin-

dre équivoque. D'ailleurs, jouer sur les mots, c'est jouer la raison, & ôter la liberté de s'énoncer ; comme pensent très-sagement les Anglois, qui ne peuvent souffrir les pointes, ni les allusions : cependant il y a certains bons mots qui, pleins de bons sens & de génie, affectent nécessairement une ame clairvoyante & sensible ; de forte que ceux qui ne les goûtent pas, font imbéciles ou léthargiques. Le Cardinal Alberoni disoit que certaines saillies étoient fa pierre de touche pour juger de l'efprit des autres ; & il avoit raifon.

CHAPITRE XIV.

Il n'y a point de vraie Gaieté sans liberté.

Je n'entens ici par la liberté, ni cette faculté de choisir, que les Scholastiques ne cessent d'embrouiller; ni ce pouvoir de faire le mal, que les libertins ont grand soin de préconiser : mais une certaine maniere de penser, qui rend l'ame indépendante au sein même du Despotisme. Les chaînes ont beau se resserrer, les cachots se fermer; le vrai Philosophe n'est jamais captif, parcequ'il s'élance au-delà des prisons & de l'Univers. C'est en se détachant de tout, & en

K 5

ne tenant à rien, qu'on sent cette
heureuse liberté qui nous rend à
nous-mêmes, & qui ne craint que
Dieu. L'ame connoît alors que
toutes les Puissances du monde
n'ont aucune prise sur elle, que
ses pensées sont impénétrables,
qu'elle n'en doit compte qu'à l'E-
tre suprême, & conséquemment
elle se réjouit d'avoir un si beau
domaine; les passions & les sens
sont nos Sujets, & il n'y a point de
Royauté préférable à celle de les
gouverner.

Or cette joie, qui ne doit son
existence, ni aux biens, ni aux honneurs, mais qui naît du fond du
cœur, & qu'on peut dire inhérente
à notre essence même, est cette
vraie gaieté dont l'homme a besoin

dans le cours des événemens. Il
n'y a que les personnes pusillani-
mes qui se déconcertent facilement, & qui se troublent ; leurs
craintes & leurs espérances ne rou-
lant que sur des objets mobiles, ils
n'ont pour base qu'un sable mou-
vant : ainsi ces grains de poussiere
que le vent éleve dans les airs, ne
s'y soutiennent qu'un instant, &
retombent en désordre. Il est aisé
de conclurre, à la suite de ces réflexions, que le Religieux même,
quoique lié par des vœux, sera
plus gai, & par conséquent plus
libre que les Riches & les Courtisans, s'il pense d'une maniere conforme à une ame immortelle. Ce
qu'on fait avec plaisir, se fait toujours gaiement.

On croiroit, à entendre tous les hommes, qu'ils jouiſſent de la liberté la plus entiere; mais ſi on les examine, on n'apperçoit que des captifs. Leurs grands mots de philoſophie & d'humanité, qu'ils ont continuellement ſur les levres, ne ſont que des termes dont ils ſe ſervent pour ſe déguiſer à eux-mêmes leur propre eſclavage. S'ils étoient en effet Philoſophes & humains, ils ne penſeroient qu'à étudier la Sageſſe, qu'à vivre avec ſimplicité, qu'à ſe ſecourir mutuellement: ainſi leur gaieté, comme leur liberté, n'eſt qu'une pure chimere.

Quelles entraves l'ambition & l'amour, ces deux funeſtes paſſions, n'ont-elles pas données à l'Univers! leur empire, plus formidable que celui des tyrans, nous tourmente, nous dévore, & nous fait mourir à tous les instans. L'ambitieux, cet être profane qui prostitue son immortalité pour ne s'attacher qu'à des objets périssables, ne goûte ni joie, ni paix ; il veut toujours quelque bien apparent qu'il n'obtient jamais, parceque ses desirs vont toujours au-delà de ce qu'on lui accorde. L'amant, victime de son ardeur, est trop agité pour pouvoir aimer avec goût : dans les allarmes lorsqu'il ne voit pas l'objet de sa passion, & dans le saisissement lorsqu'il le contemple, il n'a plus une ame à lui, mais abandonnée aux jalousies, aux méfiances, aux dégoûts, aux remords, aux inquiétudes, aux soins, fon efprit s'égare dans le tems qu'il parle, fon cœur fe trouble en voulant trop aimer, & fes yeux cherchent un bonheur qui fuit. C'eft ainfi que les paffions nous maîtrifent, & nous dépouillent de nous - mêmes pour nous revêtir de leurs caprices & de leurs frénéfies.

On voit les hommes les plus fages devenir le jouet des femmes les plus extravagantes, révérer leurs vices comme des vertus, prendre leur tyrannie pour des attentions & pour des careffes, s'enchaîner enfin de la maniere la plus honteufe, en s'imaginant jouir de toute leur liberté. Combien de femmes font fervir la Religion même à leurs paffions, & ne parlent que la mo-

rale de Nicole & le Tourneux, dans
le tems qu'elles font couvertes de
rouge & de mouches pour furpren-
dre des gens de bien, & les faire
tomber dans leurs filets. Quel Co-
médien que l'amour !

Les libertins fe croient libres,
parcequ'ils s'abandonnent fans ré-
ferve à leurs mauvais penchans,
comme fi l'adhéfion au mal étoit
une liberté ; alors ils fe décident
d'une maniere qui rend le cœur
captif. Voilà comme on fe croit
indépendant en devenant efclave,
& comme l'Univers n'eft qu'une
vafte prifon où chacun s'enchaîne à fa paffion, fans le favoir,
& fouvent même fans le vouloir;
voilà comme on fe met dans le cas

de ne goûter jamais une vraie satisfaction.

Si l'on ne *jouit de soi-même*, selon l'expression du grand Bossuet,
on n'a que des ris contraints, &
qu'une apparence de liberté. C'est
dans la possession de notre ame,
cette possession douce & heureuse
qui surpasse tous les héritages de
la terre, qu'on trouve la vérité qui
nous délivre, & dont l'influence
procure des joies inexprimables.
Si les libertins nous disent le contraire, ils nous permettront de ne
pas les croire, & parce qu'étant au
lit de la mort ils ont protesté mille
fois qu'ils n'avoient jamais eu de
vrai bonheur, & parcequ'il n'y a
que la bonne conscience qui puisse
réellement nous rendre heureux.

Dégageons la liberté de toute ce qui n'est point elle, & nous ferons autant allarmés que furpris de ce fantôme d'indépendance que nous croyons le plus bel appanage de notre humanité ; nous verrons que cette triftefse & cet ennui qui de tems en tems s'emparent de notre ame, nous avertiffent que nous tenons encore à des objets qui nous enchaînent. L'homme libre eft celui qui fe verroit dépouillé tout-à-coup de fes terres, de fes honneurs, & même de fa réputation, fans s'affliger. Une joie mobile comme l'air des Cours, ou comme le tems, peut être la joie de ceux qui fe difent Philofophes; mais elle n'eft pas celle des Sages, dont l'ame, toujours au-deffus des aftres & des événemens, ne connoît & ne goûte que le bonheur immuable.

On ne sauroit croire comme on resserre de plus en plus notre liberté. Les modes, les visites, les jeux, les repas, sont autant d'entraves qui ne nous laissent plus vivre qu'au gré d'autrui. On n'est ni le maître de converser comme on veut, ni d'aller où l'on veut, ni de se retirer quand on veut; il faut absolument jouer dès qu'on arrive dans une maison où l'on n'alloit que pour converser, & s'ennuyer enfin lorsqu'on a besoin de se dissiper. Il semble que le monde ait un droit absolu sur nos plaisirs, sur nos goûts, sur nos biens, & même sur nos jours. Il décide; & ses prétentions ridicules, qu'on confond avec les devoirs de Société, nous rendent presque tous automates. Combien de personnes qui sentent le poids d'une visite ou d'un repas, & qui, dupes de l'usage ou de leur complaisance, perdent des heures qu'ils donneroient au plaisir de quelqu'étude agréable ou de quelqu'aimable entretien !

Ne nous étonnons plus si la gaieté s'évanouit insensiblement : il n'y a de bonheur que la liberté, & nous vivons en esclaves. Démocrite conseille aux hommes de faire peu de choses, s'ils veulent être heureux, & nous ne faisons rien en faisant beaucoup. Nous traitons les frivolités avec plus d'importance que les négociations ; & notre exis-tence, toute partagée entre des vi-

fites d'étiquette, & des jeux d'intérêt, ne nous laiffe, ni le tems de
penfer, ni la liberté de nous réjouir. Les perfonnes qui connoiſ-
fent le bonheur d'une honnête indépendance, (mais qu'elles font ra-
res !) ne s'engagent gueres que fous
condition. Le hazard procure fouvent plus d'amufemens que toutes
les parties préméditées, & il eſt bon
de lui laiſſer quelquefois le foin de
nous diſtraire & de nous délaſ-
fer. Souvent pour ne pas manquer
à une parole donnée, on manque l'occaſion d'un vrai plaiſir. Je
ne trouve rien de ſi défagréable
que d'entrevoir un nombre de
jours décidés par des invitations
dont on ne peut fe difpenfer : n'eſt-
ce pas abandonner fa vie à la diſ-
poſition des autres, & fe mettre

dans l'impoſſibilité de jouir de ſoi-
même ?

Ce n'eſt pas la faute des gou-
vernemens , mais la nôtre , ſi
nous vivons dans un aſſujettiſſe-
ment qui étouffe la gaieté , quoiqu'ils ne ſoient pas tous également
propres à l'inſpirer. Le Deſpotiſ-
me , par exemple , gêne trop la maniere de penſer ; & tout Etat Répu-
blicain inſpire trop le goût de la cabale & de l'intérêt : il n'y a que la
Monarchie, qui laiſſe aux Sujets la
liberté de rire & le loiſir de s'a-
muſer. Il ſuffit, pour s'en convaincre , de jetter un coup d'œil ſur les
Pays qui partagent l'Europe : on
verra qu'on ne rit pas à Amſterdam
comme à Naples, à Londres comme à Vienne, ni en Pologne com-

me en France. Venise elle-même,
qui paroît le centre des plaisirs, ne
vaut pas Milan pour l'agrément,
parceque les efforts qu'on y fait
en apparence pour se réjouir, ne
font que des divertissemens de
pure politique, qui ne satisfont, ni
le cœur, ni l'esprit. J'avoue que le
vrai Philosophe sait s'amuser par-
tout ; mais il n'en est pas moins vrai
que la liberté, même extérieure,
contribue beaucoup à la gaieté, &
qu'on est doublement heureux lorsqu'on vit dans une honnête indépendance qui sympathise avec la
maniere de penser. Ainsi on ne
sauroit trop s'essayer, avant que
d'aller se confiner dans un Cloître,
où les moindres exercices contra-
rient perpétuellement la volonté.

Ce genre de vie, qui n'a rien
que d'agréable, lorsque la vocation n'est point équivoque, devient la torture de l'ame lorfqu'on s'engage légérement.

CHAPITRE XV.

*L'Education pédantesque nuit beau-
coup à la Gaieté.*

MALGRÉ cette multitude d'Ouvrages qui traitent de l'Education,
je ne puis m'empêcher d'en dire
un mot au sujet de la gaieté :
peut être ne ferai-je que répéter ;
mais je m'en consolerai, si, à force
de rebattre les mêmes choses, on
veut bien se corriger. A peine un
enfant vient-il de naître, qu'on
s'empresse à l'expulser de la maison paternelle, & à le confier à
une paysanne, qui, ordinairement
brusque & intéressée, ne voit qu'un

Etranger

Etranger dans celui qu'elle nourrit, & gronde, & rit, sans autre
raison que son caprice ou son humeur. Les Gouvernantes ne suc-
cedent, que pour passer d'une fa-
miliarité excessive aux plus rudes
punitions, & pour défendre les
choses les plus raisonnables, en per-
mettant les plus ridicules.

Tel a été notre premier âge, &
tel doit être celui de tous les enfans, (parceque la routine fait loi)
jusqu'à ce que, venant à passer entre les mains des hommes, ils ne
trouvent que des pédans, qui, ar-
més de verges & de férules, présentent les études comme un tour-
ment, & rendent les récréations
mêmes ennuyeuses. Les plus beaux
morceaux d'éloquence & d'histoi-

re dont la lecture devroit toucher & ravir, n'inspirent que du dégoût, parcequ'on les fait apprendre à titre de punition.

L'immortel Fleury, dans son Ouvrage sur le choix des Etudes, dit très sagement qu'on doit se servir du plaisir, pour inspirer le goût du travail à la jeunesse, & qu'on ne réussit que par la douceur & par l'aménité. Le célebre Rollin veut qu'on ne surcharge pas les Ecoliers d'instructions, & que les traits de morale naissent de l'occasion. Il avoit sans doute remarqué, lui qui connoissoit si bien les Colleges, que les jeunes gens qu'on ne cesse de prêcher sont ordinairement pires que les autres. On émousse les vérités, à force de les répéter. Le favant Lami dit dans fes Entretiens, que ceux-là fe trompent qui croient devoir porter le feu par-tout où ils voient du défordre, & qui s'imaginent qu'il eft honteux de laiffer une faute impunie : il confeille aux Maîtres de réjouir de tems en tems leurs écoliers, & de les engager à des jeux qui puiffent les amufer.

Les premieres impreffions ne s'affacent prefque jamais : fi les enfans entendent continuellement des plaintes & des cris, ils déviennent infenfiblement plaintifs & grondeurs. Lorfqu'on eft élevé par le caprice & par l'humeur, on a befoin d'une furabondance de gaieté pour fe maintenir affable & gai. Rien de plus admirable que la

conduite de Mentor envers Télémaque : fa phyſionomie n'annonce
que de la bonté, ſes leçons ne s'in-
ſinuent qu'avec douceur ; ſes avis
n'ont ni amertume ni rudeſſe, on
voit qu'ils partent du zele & de l'a-
mour ; ſes exemples ne ſont ni faſ-
tueux, ni difficiles à imiter : qu'on
le ſuive, & nous oſons aſſurer que
l'éducation, beaucoup plus agréable, deviendra analogue à notre
maniere de penſer. Tout jeune
homme ne ſupporte ſes Supérieurs
qu'avec peine, à moins qu'ils ne
temperent leur autorité par un viſage riant & par des manieres pré-
venantes. Les châtimens ſe dépouillent en quelque ſorte de leur rigueur, & de leur âpreté, lorſque
celui qui en fait uſage paroît auſſi

fâché que celui qu'il punit. Il y a
une façon d'adoucir les correc-
tions, qui les rend supportables,
& qui force les jeunes gens à convenir de leur néceffité. Un Ecolier
fait très bien difcerner fi on le châtie avec juftice ou par humeur; &
quoique fa colere éclate dans le
premier inftant, il s'avoue intérieurement coupable.

On regarde les enfans comme
de jeunes plantes, & l'on a raifon;
mais il s'en faut bien qu'on les traite
avec le même foin. On les expofe
à tous les caprices de la colere & de
l'humeur, tandis qu'on met un
oranger à l'abri du froid & du vent.
Qu'arrive-t-il? Les vertus trop tar-
dives ou trop précoces ne laiffent
que des ames nues, dont les paf-

L iij

fions s'emparent à l'envi, & les regrets deviennent tout le fruit de
ces éducations trop auftères. Ce
n'eft qu'avec une haleine ménagée
à propos qu'on ranime une étin-
celle, comme ce n'eft qu'à l'aide
d'une douce rofée que les fleurs
confervent leur fraîcheur & ac-
quierent leur beauté. La moindre
grêle qui fe répand fur un par-
terre, en dérange toute la fymé-
trie ; on voit auffitôt les tiges fe
courber, les feuilles fe flétrir,
& les nuances difparoître : trifte
image, mais bien fenfible, de ce
qui nous arrive lorfqu'on répand
la terreur fur nos premieres années : la colere fermente, altere
notre caractere, aigrit notre humeur, fouleve notre efprit, & ne

caufe que du défordre & du dégoût.

Je ne prétens pas qu'on doive
toujours rire & pardonner ; ce feroit un autre inconvénient qui rendroit les enfans fantafques , difficiles & téméraires: mais il y a un jufte
tempérament dans l'éducation de
la jeuneffe , qui confifte à paroître
en colere fans l'être , à ne lever
qu'avec peine la main qui frappe ,
à l'arrêter au plutôt , & à fouffrir
d'un pareil contretems. Platon vint
à bout de corriger fon neveu en
ne lui faifant aucun reproche ni
aucune réprimande , mais en lui
montrant toujours un vifage tranquille & riant. Il arrive fouvent
qu'on châtie les enfans parcequ'on
n'a pas la patience de fouffrir , de

forte qu'on se recherche soi-même plutôt que leur bien, lorsqu'on les gronde, ou lorsqu'on les punit.

Nos premieres années sont le printems de notre vie; & parceque les talens se développent, & parceque la gaieté, répandue dans nos cœurs & sur nos visages, nous rend alors les êtres les plus fortunés. Mais le chagrin s'empare de notre ame, & le dégoût nous engourdit dans la pratique de nos devoirs, si des Précepteurs trop séveres nous menacent & nous inquietent; nous redoutons leur vue, nous ne travaillons qu'en tremblant, & nous ne voyons arriver le moment de l'étude qu'avec effroi. Ainsi la bonne humeur, si naturelle à la jeunesse, s'aigrit

peu-à-peu, l'on ne fort du Colle-
ge que pour abhorrer les études
& les Maîtres, & fouvent pour
être farouche, & cruel. Il y a
dans la plupart des Ecoles une
barbarie fourde, qui, pour être
ufitée, n'en eft pas moins redoutable, & qui ne s'accorde, ni avec
la Religion, ni avec la raifon. Nous
tremblons encore au récit de ce
qu'il nous en a couté pour apprendre quelques mauvais mots de Latin, & nous ne voudrions pas rajeunir au prix d'effuyer les mêmes
peines & les mêmes chagrins.

Je voudrois qu'un Pere, en véritable ami de fes enfans, fût leur
premier Précepteur, & qu'avec
un air riant & des manieres enjouées il leur apprit à chérir la
L v

ſcience ainſi que la vertu. Le cœur s'ouvre ſans réſerve, & reçoit tous les préceptes, lorſque c'eſt l'aménité qui les dicte. On s'accoutume à rire quand on voit rire ſes maîtres, on goûte un vrai plaiſir dans la pratique de ſes devoirs, & la gaieté devient l'humeur dominante. Quel eſt le pere, s'il penſe, qui ne préfere un enfant même étourdi, à un fils ſombre, & taciturne.

Nous ne ſommes propres, ni aux affaires, ni aux devoirs de Societé, ni aux exercices mêmes de Religion, lorſque la triſteſſe nous gagne; de ſorte qu'il eſt plus important qu'on ne s'imagine de rendre l'éducation douce & aimable. On ſait reſter chez ſoi & vivre avec ſoi, lorſqu'on ſait être gai;

au lieu qu'on traîne fon exiftence comme un fardeau , quand on s'a-bandonne à la mélancolie. » Riez fouvent, » dit Marc-Aurele,& vous ferez heureux.

Cette maxime ne s'eft jamais mieux vérifiée que dans l'augufte Perfonne de *Staniflas* Roi de Po-logne , qui par une gaieté toujours raifonnable , & toujours égale , fe fit fon bonheur au milieu des plus grands revers , comme il fait celui de tous ceux qui ont la gloire , & l'avantage de l'approcher.

L vj

CHAPITRE XVI.

La Grandeur doit être tempérée par la Gaieté.

Ce n'est pas sans raison que Pline le Jeune, dans son admirable panégyrique de Trajan, nous peint cet Empereur comme ayant l'art de contenter son Peuple par un air riant. Il n'y a point de moyen plus propre à mériter des éloges, & à captiver l'amour, que de se présenter avec un visage gracieux, où la sérénité ne paroît point empruntée. Les Petits alors, dans une juste confiance, s'élevent jusqu'aux Grands, & ne s'apperçoivent plus de cet intervalle qui les sépare, & qui pour l'ordinaire humilie.

La grandeur, quelque légitime qu'elle soit chez ceux qui en sont revêtus, blesse presque toujours l'amour propre des Inférieurs. On ne voit qu'avec peine son égal devenir son Supérieur; & si l'on n'ose pas fronder les Grands, on affecte au moins une certaine Philosophie qui se croit en droit de les mépriser impunément. Ce sont autant de révoltes sourdes, excitées par l'envie ou par la vanité, & que les gens en place savent prévenir, lorsqu'ils ont le précieux avantage d'être humains: alors, oubliant ce qu'ils sont par hazard, ils ne s'occupent que de ce qu'ils doivent être par réflexion; alors, s'abaissant à proportion que le rang les éleve, ils se mettent au niveau de tout le monde.

C'eſt un malheur d'être trop ſérieux, lorſqu'on a quelqu'empire
ſur les autres; car le Public toujours malin, prend pour orgueil ce
qui n'eſt ſouvent que l'effet du tempérament. On éprouve que les gran-
deurs ont je ne ſais quel poiſon ſecret qui décompoſe les caractères,
& que ceux mêmes qui déclament
avec plus de force contre l'ambition, deviennent horriblement ambitieux lorſque la fortune commence à les favoriſer. Bientôt un
front ſourcilleux, une démarche al-
tiere, un ton abſolu, répandent un
air d'arrogance ſur toutes les actions,
& l'on n'apperçoit plus que des
hommes qui oublient l'humanité.

Je ne ſais comment on a pu imaginer que les dignités avoient be-

foin de hauteur & de fierté pour fe faire révérer. Ne voit-on pas que le Ciel n'eſt beau que lorſqu'il eſt ſerein, & que plus, on ſe communique, plus on ſe concilie les cœurs ? Chacun murmure en ſecret contre le Superbe qu'il encenſe. On ne fréquente les Cours que par intérêt, lorſque les Souverains ſont inacceſſibles : il faut reſpecter les hommes, ſi l'on veut qu'ils s'humilient. Une phyſionomie ouverte attire & prévient, & ſouvent un ſimple ſourire arrache des hommages que l'amour propre refuſoit.

Les Grands ſont comptables au Public des diſpoſitions de leur ame, & il n'y a que la gaieté qui puiſſe les développer d'une maniere agréable : elle déride les fronts, elle adou-

cit les regards & ne laiſſe à l'orgueil ni à l'humeur aucun moyen
de ſe prévaloir. La majeſté, lorſqu'elle s'annonce ſous un air riant,
ſemble l'image de Dieu même, cet
Etre ſuprême & bienfaiſant, qui
nous ſoulage, qui nous vivifie, &
qui ſe laiſſe approcher des plus vils
mortels. Le Laboureur oublie ſes
ſueurs, l'Artiſan ſes travaux, le Mi-
litaire ſes bleſſures, le Courtiſan ſes
veilles, lorſqu'ils ont le bonheur de
voir leur Maître ſourire, encoura-
ger, récompenſer. Tout un Royau-
me prend une face riante, quand le
Monarque ſe rend acceſſible, & ſe
fait gloire d'être affable & compatiſſant. Ainſi on goûte une vraie
félicité, ſous les Loix de cette
auguſte Souveraine, dont le front

toujours ferein annonce la clémence & l'affabilité, de cette Souveraine, à qui l'on voudroit rendre au centuple la grandeur dont elle se dépouille fi gracieufement en faveur de tous ceux qui l'approchent: mais je me tais, bien certain que mes Lecteurs reconnoîtront auffitôt la grande Princeffe que je n'ofe nommer, & qu'ils fuppléeront à l'impuiffance de mes expreffions.

Les Princes n'étant point des êtres inutiles ou indifférens, ils doivent difpofer leur démarche, leurs regards, leur rire, leurs propos, de maniere qu'il n'y ait rien dans leur extérieur qui n'exprime la munificence & la générofité. L'air fombre & férieux n'empêche pas l'ame d'être bienfaifante ; mais il diminue,

plus qu'on ne s'imagine, le mérite
du bienfait. Eh, qu'en coûte-t-il
pour paroître humain envers ses
freres, lorsqu'on l'eſt réellement ;
& ſi on a le malheur de ne pas l'être,
ne devient-on pas un hors d'œuvre,
pour ne pas dire un monſtre, dans la
Société ? Nous ne ſommes nés que
pour faire du bien, & le Commerce
de la vie exige une maniere de le
faire, qui ne ſympathiſe, ni avec le
regret, ni avec l'humeur. Ah, ſi
les Grands connoiſſoient toutes les
louanges que leur méritent les
moindres airs de bonté, ils ne ſe pré-
ſenteroient jamais qu'avec un viſage
riant, & l'affabilité leur ſeroit plus
précieuſe que tous les titres d'Excel-
lence & d'Alteſſe. La grandeur & le
faſte ne cauſent que de l'envie & de

l’étonnement, mais la bienfaisance excite la reconnoiſſance & l’admiration. On redoute les éclairs parcequ’ils ſont ſuivis du tonnerre, & l’on ſe plaît à contempler l’Aurore qui annonce un beau jour.

Il n’y a perſonne qui ne fixe les Grands pour examiner leur maintien, & qui ne murmure en ſecret s’il ne déſigne pas la bonté. Et quelle eſt cette bonté ! Une inclination de l’ame à faire du bien, & à vouloir continuellement en faire, qui ſe développe à tout inſtant par des traits qu’on ne peut méconnoître. Lorſqu’on eſt généreux, affable & compatiſſant, on entend à demi mot, on devine les malheurs de ſes freres, on ſouffre juſqu’à ce qu’on les ſoulage, on craint de chagriner les per-

fonnes les plus méprifables en apparence, & l'on fe multiplie en autant de largeffes qu'il y a de befoins.
Si on lit les Hiftoires, on verra que
les Princes clémens, qui fe commu-
niquerent avec plaifir, furent en
quelque forte les Dieux de l'Univers, & que les Peuples leur facri-
fierent leur encens & leurs vies.
Avec quelle fatisfaction ne voit-on
pas encore fur les médailles des Ti-
tus & des Trajan, ces traits de bonté
qui embellirent leurs vifages, &
qui leur concilioient, dès le premier
abord, l'admiration & l'amour ?

Je ne fais comment les Auteurs
qui ont écrit fur les moyens d'augmenter la Puiffance des Etats,
n'ont pas indiqué l'affabilité, comme une reffource capable d'élever

& d'agrandir : tout Souverain qui s'humanise, & qui daigne rire & parler, double les forces de sa Monarchie; sa vie devient celle de tous ses Sujets, par le soin qu'ils prennent de l'illustrer & de le conserver.
» La clémence affermit le Trône
» des Rois, dit Salomon, & la misé-
» ricorde & la vérité sont leur salut.
Si ceux à qui l'on confie l'éducation des Princes connoissoient les ressources de la bonté, ils l'inspireroient comme le grand art de régner; mais la plûpart des Gouverneurs n'ayant pour tout mérite qu'une ridicule gravité, croient un Prince accompli lorsqu'il est sérieux. Cependant nous pouvons nous féliciter de voir aujourd'hui l'Europe respirer, sous l'empire de

ſes Maîtres, un air de joie & de liberté. Il n'y a pas juſqu'en Ruſſie,
où les Deſpotes ſont devenus des
Peres, & où la clémence & la gé-
néroſité, ſous le nom de l'immortelle *Eliſabeth*, ont donné des exemples que l'Hiſtoire n'avoit point
fournis juſqu'alors. Le goût des
modes, tout frivole qu'il eſt, contribue à cette heureuſe métamorpho-
ſe. On a pris inſenſiblement les manieres aiſées des François, comme
on en prenoit les habits. Eh, quels
biens n'en réſultent-ils pas? Les
Peuples & les Souverains mêmes
en ſont plus heureux; il n'y a rien
de plus triſte que l'étiquette & l'orgueil.

Ainſi ces hommes ſolemnels qui
ne connoiſſent d'exiſtence que la

représentation, font bien plus punis
que ceux qu'ils humilient. Ils perdent le plaifir de la converfation,
de la confiance, de l'amitié : on ne
les vifite que par intérêt, on ne
leur parle que par bienféançe, on
ne les écoute qu'à regret, on s'at-
trifte en les abordant, on fe réjouit
en les quittant. Les gens en place
qui connoiffent les refforts du cœur
humain, & qui ont intérêt de les
faire mouvoir pour le bien des
Etats, ne manquent pas de s'huma-
nifer : ils favent qu'on ne vient à
bout de pénétrer les cœurs, qu'en
converfant & en riant. Bien des Am-
baffadeurs n'ont ignoré des chofes
effentielles, que pour avoir voulu
conferver une morgue ridicule, fi
pitoyable aux yeux des gens fen-

fés. Lifez les Memoires de Sully, & vous en trouverez plufieurs exemples,

Qu'auroient dit les Anciens à la vue d'un Grand infatué de fa grandeur, eux qui ne ceſſent de recommander l'affabilité envers les moindres Domeſtiques ? Le grave Caton rioit volontiers avec fes ferviteurs, & ne cherchoit qu'à les rendre heureux : tel étoit Cicéron ; tels étoient les Romains ; tels font ceux qui favent fe refpecter eux-mêmes , en honorant l'humanité également précieufe dans tous les individus. Lorfque la grandeur n'eſt pas tempérée par la gaieté , l'orgueil & l'humeur fe mêlent d'une maniere étrange , & l'on devient un objet d'averfion. Qu'il eſt

beau

beau de se voir environné de Sujets ou de Serviteurs dont on a mé-
rité l'amour par des attentions &
par des bienfaits , & qu'on est à
plaindre lorsqu'on ne goûte pas ce
bonheur ! Il faut vivre avec ses
gens comme avec des amis malheureux , selon l'expression d'un
illustre Auteur. L'air impérieux
de certains Maîtres est une espéce
de tyrannie ; & la grandeur, telle
qu'on la suppose, n'est qu'une pe-
titesse , lorsqu'on ne la soutient que
par la hauteur. » Aimez la fami-
» liarité, dit le célebre Vauvenar-
» gues : elle apprend à connoître
» les hommes ; elle rend l'esprit
» souple, délié, modeste & mania-
» ble; elle déconcerte la vanité, &
» nous donne de l'expérience.

M

CHAPITRE XVII.

La Médiocrité est la situation la plus analogue à la Gaieté.

LA médiocrité, telle qu'un sentier entre une montagne & un précipice, savoir les embarras de l'opulence & les horreurs de la pauvreté, conduit au bonheur. Les riches, incorporés avec tous les objets qui les environnent, sentent une plénitude accablante, dont ils ne peuvent se délivrer ; & les malheureux, séparés en quelque sorte de l'Univers, éprouvent un vuide que toutes leurs larmes & tout leur désespoir ne sauroient remplir. Ainsi les uns ne rient que par grimace, & les autres que par un oubli momentané de leur exif-tence.

C'eft donc au fein de la médio-crité qu'il faut chercher cette joie uniforme & tranquille que le Sage chérit comme un tréfor. A l'abri des fecouffes qu'excite la fortune, des inquiétudes dévorantes que caufe l'ambition, on coule fes jours au milieu des ris & de la paix, & l'on trouve en foi-même fon bon-heur. Si la liberté, comme nous l'avons dit, eft la mere de la gaie-té, il n'y a point d'état plus libre que la médiocrité. Ni les yeux de l'envie, ni ceux de la pitié, ne por-tent point leurs regards cruels fur la condition des hommes qui vi-vent dans une honnête fimplicité. Ils s'habillent selon leur goût, parcequ'ils ne font esclaves, ni des modes, ni du cérémonial ; ils marchent librement au milieu du plus grand monde, parcequ'ils ne craignent, ni la critique, ni l'humiliation ; ils parlent avec franchife, & rient de ce qui leur plaît, parcequ'ils ne connoiffent, ni la politique, ni la grandeur. L'ame s'éclipfe en quelque forte au fein des miferes & des biens, pour faire place à des plaifirs ou à des chagrins criminels ; mais elle jouit d'elle-même, lorfqu'on n'eft ni trop pauvre, ni trop opulent.

D'ailleurs, la médiocrité, n'ayant, ni la fierté de la plûpart des riches ni leur duplicité, engendre cette aimable cordialité qui fait qu'on fe communique sans réserve, qu'on parle sans fard, & qu'on rit sans apprêt. Les Patriarches, dont l'âge fut nommé le siécle d'or, ne-posséderent leur ame en paix, que parce-que le luxe & la cupidité n'avoient point encore établi leur funeste empire. Que j'aime à me les représenter au milieu de leur famille, dont ils faisoient l'admiration & les délices ! on croit voir les vertus mêmes tenir conseil, & se communiquer mutuellement leur tranquillité, leur joie, leur innocence.

Tout ce qui est extrême, détourne le cœur de sa pente. Nous ne jouissons du calme & de la sérénité, que lorsque dans un équilibre, qui n'est balancé, ni par l'ivresse des plaisirs, ni par la tyrannie des besoins, nous goûtons en quelque forte notre ame, & nous fentons le bien de notre exiftence & de nos facultés : ainfi la médiocrité doit avoir le premier rang fur toutes les conditions qui partagent le monde. Quels avantages ne procure-t-elle pas ? On voit à fa fuite cette gaieté naturelle qu'elle produit, & dont elle forme fon bonheur. Qui eft-ce qui n'a pas lu, foit en Profe, foit en Poéfie, les charmes de la médiocrité ? Ils font tels, que Salomon lui-même oublioit toute fa gloire & tous fes plaifirs pour les defirer. Ah ! quand on n'eft comptable de fes actions qu'à Dieu feul, quand on peut dire qu'on ne craint que lui, quand on n'attend fon plaifir & fa fortune que de fa maniere de penfer,

quand on vit étranger aux révolutions du tems & du fort , & qu'on
apperçoit fa carriere-jufqu'à la fin ,
telle qu'elle peut être , fans revers
fans agitation, on éprouve une joie
qui éclate tout naturellement ,
& qui fe communique néceffairement.

C'est ainfi que la gaieté fe renou-
velle & s'accroît dans la médiocrité , tandis que le riche , au fein des
embarras, & le pauvre , au fein des
douleurs , n'ont qu'une ame engourdie. Il y a trop d'idées qui fe
croifent chez les Grands , pour
qu'ils puiffent jouir d'eux & fe livrer aux douceurs de la Société ;
& il n'y en a pas affez chez les malheureux, toujours occupés de leur

M iv

indigence, pour qu'ils aient le loifir de fe diftraire. Ajoutez que l'efprit & le cœur des riches fe féparent en quelque forte, pour errer chacun felon fon goût ; & il faut le concert de l'un & de l'autre, lorfqu'on veut véritablement fe réjouir.

On ne fauroit rire du fond de l'ame, fitôt que le bonheur fuit le cours de l'argent ; & c'eft l'état des Grands & des Petits, qui toujours occupés de befoins, ou de fuperfluités, ne penfent qu'au moyen de fe procurer les aifances de la vie. Les uns, à la vérité, veulent fimplement fe vêtir, & les autres s'orner, mais avec une même avidité qui annonce une égale indigence : ce ne font pas tant les objets qui nous affectent, que la maniere dont nous les envisageons.

Revenons donc à la médiocrité, comme à une condition qui, entre les roses & les épines, n'offre que de simples agrémens. Laissons à la vanité la honte de croire qu'il n'y a de bonheur qu'au comble des honneurs. Les Romains ne trouvoient pas la félicité au milieu de leurs plus grands triomphes, mais dans les sillons qu'ils traçoient, lorsqu'oubliant leur grandeur, ils venoient eux-mêmes conduire la charrue. Aussi n'est-ce pas sans raison qu'Horace appelle heureux, celui qui, loin du tumulte des affaires & du bruit des Cours, cultive paisiblement le champ de ses Peres.

M v

Ajoutons que s'il faut de la Philosophie pour avoir une vraie gaieté, elle se trouve communément dans la médiocrité. Presque tous les Sages que l'Antiquité révere, ne furent, ni pauvres, ni opulens : ils vécurent sans humiliation & sans éclat ; & conséquemment ils goûterent les douceurs de la paix. Les jours ne sont agréables, que lorsqu'il ne fait, ni trop chaud, ni trop froid. Ainsi les biens ne satisfont, que lorsqu'ils se trouvent dans une juste mesure.

Ce n'est pas seulement à l'égard des biens, que la médiocrité a tant d'avantages. On gagne souvent beaucoup à n'être, ni trop sublime, ni trop savant, pourvu que l'imagination ne soit pas étouffée sous un gros bon fens. La difette des idées, ainfi que leur abondance, ne nuit point à la joie, mais beaucoup à la gaieté ; parceque l'une eft un fentiment durable, & l'autre ne fait que paffer. L'ame joyeufe fe tranfporte, & l'ame gaie s'épanouit.

On ne diftingue point affez la gaieté de la joie. Il y a des perfonnes joyeufes qui ne font pas gaies, & fouvent même celles qui paroiffent les plus femillantes, ont un fond de mélancolie. Quand on a befoin des occafions pour être gai, on ne l'eft réellement pas ; cependant il faut travailler à ranimer la gaieté lorfqu'on fent qu'elle échappe.

M vj

CHAPITRE XVIII.

La Méfiance détruit la Gaieté.

LE plus terrible malheur qui puisse arriver à l'homme, c'est d'être méfiant : il se tourmente lui-même, autant qu'il tourmente les autres ; & après avoir été la dupe de ses oreilles & de ses yeux, qu'il promene de toutes parts pour tout savoir, il voudroit ignorer ce que son inquiétude lui a appris. On reconnoît facilement que rien n'est plus opposé à cette situation turbulente, que la gaieté, qui toujours agréable, & toujours tranquille, ne recherche que ce qui console & ce qui réjouit.

Il faut bien se persuader qu'il n'y a personne dont on ne dise du mal ; que plus on a de mérite , & plus on excite l'envie ; que les Grands, les Sages , enfin Dieu lui-même , sont souvent l'objet de la satyre & du blasphême. Il en est ainsi des ouvrages, qui , quelqu'excellens qu'ils puissent être, trouvent toujours des contradicteurs. Mais la méfiance, cette pusillanimité d'ame , qui se choque du moindre mot, & souvent du moindre coup d'œil , ne réflechit point : on la voit inquiette, & toujours curieuse , errer çà & là , pour se faire un aliment continuel de doutes & de soupçons , que l'imagination réalise.

Seroit-il possible de rire dans une telle situation ? Et la gaieté , qui se contente de prendre les hommes comme ils sont, pourroit-elle sub- sister au milieu de tant d'allarmes? Ah, lorsqu'on est gai, on rejette toute idée de chagrin, on se per- suade que les personnes qu'on fré- quente aiment de bonne foi, & l'on appréhende de découvrir des dé- fauts, ou d'apprendre des rapports capables d'altérer une heureuse har- monie. » Je serois bien faché, disoit » Sixte Quint, d'aller aux enquêtes » sur tout ce qu'on dit de ma person- » ne : je connois la bizarrerie des es- » prits, & j'ai assez vécu pour savoir » m'en moquer.

C'est par cette raison que les per- sonnes de mérite ne peuvent souffrir les rapports, à moins qu'elles ne soient obligées par état de s'infor- mer de la conduite des autres. Alors ce n'est plus, ni inquiétude, ni curiosité ; mais un devoir légitime, qui exige de la vigilance.

La mauvaise conscience ne sauroit absolument s'allier avec la gaieté, & l'on a surement des reproches à se faire lorsqu'on s'inquiete des discours d'autrui. En effet, qu'importe au Philosophe si on l'observe, & si l'on s'entretient de ses actions : toujours également raisonnable & religieux, il se comporte en secret comme en public ; ses gestes & ses regards, loin d'être un langage muet d'imposture & d'orgueil, n'annoncent que sagesse & candeur. Il n'y a que les hypocrites qui cherchent à captiver les langues, parcequ'ils redoutent la vérité.

Mais pour bien connoître le ca-

ractere odieux de l'homme inquiet
& méfiant, il faut voir dans Télémaque le portrait de Pygmalion.
Quels toubles, quelles allarmes,
quels foupçons ! on apperçoit un
Prince, qui à force de fe dévorer
lui-même, en craignant tout & voulant tout favoir, devient le jouet de
fes illufions, & change fes penfées
en autant de fantômes, qui tantôt
excitent la colere, & tantôt l'effroi. Il n'appartient qu'au cœur
tranquille & à l'efprit droit de goûter la paix, & conféquemment la
gaieté. On fe fait une chaîne d'i-
dées riantes, lorfqu'on fe confie à
la Religion ; & loin de vouloir approfondir ce que les autres penfent, on cherche à l'ignorer. Si nous
favions véritablement vivre en
nous - mêmes, cette feconde exif-

tence, mille fois plus utile & plus agréable que la premiere, nous rendroit insensibles aux médisances ou aux calomnies; mais toujours hors de notre propre cœur, nous errons à l'aventure, sans savoir où nous fixer.

La méfiance suppose toujours un très petit esprit, parceque, lorsqu'on peut raisonner & s'occuper, on se suffit en quelque sorte, & l'on n'a besoin, pour passer le tems, ni d'épier, ni d'interroger. Aussi voyons-nous la curiosité mise au rang des vices qui deshonorent un galant homme, quoiqu'elle ne soit qu'un ridicule chez les femmes. Il y a tant de choses nécessaires à savoir, & dont la connoissance est aussi agréable qu'utile, qu'il faut être insensé de les négliger pour courir

après des chimeres. Soyons les scru-
tateurs de nous - mêmes; & nous
n'aurons besoin, ni de questions, ni
de rapports, pour deviner combien
on nous estime, & ce que nous pouvons réellement valoir.

Il faut pourtant prendre garde
d'être la duppe de sa conscience.
On peut avoir de très bonnes in-
tentions, & faire beaucoup de mal.
Aussi n'y a-t-il point de fanatisme
plus redoutable, que l'obstination
de ces personnes qui opposent toujours leur conscience, pour toute
raison. Le Sage examine, prend
conseil, se défie de ses lumieres, &
se fait gloire de se retracter, lorsqu'il reconnoît la moindre méprise;
parceque le Sage, rempli d'une gaieté philosophique, n'écoute ni la
fierté, ni l'humeur.

CHAPITRE XIX.

*Des Moyens d'entretenir la Gaieté,
& peut-être de l'acquérir.*

CETTE gaieté, si chere à l'humanité, & que la plupart des mélancoliques voudroient souvent obtenir aux dépens de tout leur bien, n'est rare, que parceque la tristesse prend la teinte de toutes les passions, pour s'insinuer dans les cœurs, & triompher de leur foiblesse. Tantôt rage & tantôt langueur, tantôt haine & tantôt amour, elle semble imiter le tems dans ses orages & dans ses brouillards, & répandre successivement la grêle & la pluie, la neige & les frimats.

C'eſt la triſteſſe qui pour l'ordinaire nous émeut & nous trouble, au moment même que nous la croyons loin de nous. Comme il ne faut qu'une mauvaiſe digeſtion ou qu'une inſomnie pour l'introduire, ſouvent elle coule ſourdement dans nos veines, & elle jette notre ame dans l'abattement ou dans la confuſion.

Mais qui eſt-ce qui pourroit définir cette triſteſſe qui engourdit les facultés du corps & de l'eſprit, qui décolore les viſages, qui éteint les yeux, & qui glace le cœur ? Ses accès, plus ou moins violens, décompoſent en quelque ſorte l'homme, & ne lui laiſſent d'autre ſentiment de ſon exiſtence que le chagrin d'exiſter ; ſes idées, telles que ces vapeurs noires qui s'exhalent du fond des marais, répandent un brouillard épais sur toute la raison ; ses affections n'ont pour objet qu'une indifférence universelle à l'égard de tous les plaisirs, & ses goûts consistent à ne rien goûter. On se fuit lorsqu'on est triste, & l'on aime à s'enfoncer dans une profonde rêverie ; on voudroit se distraire de l'objet de sa douleur, & l'on s'applique à le rappeller ; on craint d'espérer, & l'on se livre au désespoir ; on croit enfin ses peines plus terribles que tous les maux ; & l'image qui semble la moins hideuse, est celle de la mort qu'on desire & qu'on invoque.

Une situation aussi redoutable exige sans doute des remedes ; mais où les puiferons-nous? Il faudroit connoître le paffage de l'efprit au cœur, & nous vivons dans une parfaite ignorance de nous-mêmes; il faudroit avoir un fyftême fixe de bonheur & de tranquilité, & nous errons continuellement à deffein de trouver quelque fatisfaction; il faudroit s'armer de patience & de courage au milieu des afflictions, & nous nous abandonnons aux moindres douleurs qui fe font fentir.

Il n'y a rien, dans le moral & dans le phyfique, qui ne foit également foûmis à l'analyfe & au calcul; les paffions ont leur nuances, ainfi que les couleurs, leurs degrés, ainfi que la chaleur. Mais fans continuer ce parallele' qu'on pourroit pouffer loin, il suffit de caractériser les diverses affections qui tourmentent l'ame, ou qui l'engourdissent, & qui nécessairement excluent la gaieté. Combien n'y a-t-il pas de différentes sortes de tristesses, dont on doit tâcher de se garantir ? Tristesse de tempérament, d'humeur, d'ennui, d'inquiétude, d'envie, d'amour, d'infortune, de scrupule, de désespoir, de repentir; autant de passions qui nous accablent & qui nous désolent : mais entrons en détail.

Tristesse de Tempérament. Celle-ci, quoique la plus difficile à déraciner, en tant qu'elle dépend de l'organisation du corps, peut néanmoins se guérir jusqu'à un certain point. En faisant choix d'un ré-

gime analogue à notre conftruc-
tion, ainfi que de l'air & de l'eau,
ces deux grands mobiles qui nous
réparent ou qui nous confervent
dans l'équilibre des folides & des
fluides, on trouve un puiffant fe-
cours contre les affections hypo-
condriaques. Je confeillerois donc
à ceux qui font attaqués de ce mal,
d'ufer d'une nourriture légère, de
fouper très fobrement, d'éviter les
liqueurs, ainfi que les ragoûts, dont
la complication engendre néceffairement la bile, & confequemment
la mélancolie. Les mêts trop fuc-
culens épaiffiffent le fang, caufent
des obftructions, & gênent en
quelque forte l'ame dans fes fonctions: c'eft pourquoi certains Inf-
tituteurs d'Ordres Religieux dé-
fendent

fendent par leur Regle la chair des quadrupedes ; c'eſt pourquoi la Loi de Moyſe interdiſoit aux Juifs l'uſage du porc & des viandes noires. La maniere de nourrir notre corps influe prodigieuſement ſur nos idées. Le célebre Lemery, dans ſon Dictionnaire des Drogues ſimples, dit que *les pommes chaſſent la mélancolie* ; leur acide diviſe ſans doute les humeurs, & les atténue : auſſi ai-je remarqué que les perſonnes qui aimoient les fruits étoient ordinairement gaíes ; ce qu'on peut prouver par l'exemple des jeunes gens. Les fruits humectent, rafraîchiſſent, ſe digerent très facilement, & ſervent à la digeſtion des autres alimens : ils furent l'unique nourriture du premier homme dans le tems qu'il étoit à la source des délices; ce qui démontre leur bonté.

Le vin de Champagne, ainsi que le caffé, sont d'autres moyens propres à rappeller la gaieté; mais pourvu qu'on n'en fasse pas d'excès. Les remedes les plus efficaces perdent leur vertu, quand on les emploie trop souvent. Les Turcs prennent sans risque des doses d'opium, qui nous feroient mourir sur-le-champ.

Quant au chocolat, j'ose dire qu'il contribue beaucoup à la mélancolie; c'est un breuvage mixte tellement épais & vaporeux, que la plûpart de ceux qui en font usage sont obligés de boire de l'eau incontinent après. D'ailleurs, on peut voir chez les Italiens, & chez les Espagnols, trop adonnés à cette boisson, qu'elle n'inspire pas l'allegresse ; car ces deux Nations n'ont pour l'ordinaire qu'une superficie de gaieté : c'est un diamant qui brille sur un fond rembruni. Il n'en est pas ainsi du tabac : il réveille & réjouit ceux que la tristesse assoupit ; mais ce n'est que lorsqu'on en prend de loin en loin.

Si ces précautions ne réussissent pas, il faut se procurer un appartement gai, monter souvent à cheval, aller à la chasse, lasser enfin le corps pour délasser l'esprit. Le feu, par son activité, peut aussi s'appeller un remede contre l'hypocondrie ; mais je parle d'un feu qu'on voit pétiller dans une che-

minée, & non d'un feu caché qui
se consume sourdement dans un
poële. Les Chartreux, par cette raison, s'ennuient moins l'Hyver que
l'Eté. Le feu fixe, intéresse, tient
compagnie, favorise les réflexions,
& procure le plaisir de tisonner.
Cet amusement, je l'avoue, n'est
gueres connu qu'en France ; mais
il n'en est pas moins réel.

Tristesse d'Humeur. Il n'y a rien
de plus compliqué que cette tristesse, puisqu'elle a souvent trois ou
quatre causes différentes. Le climat, le tempérament, l'éducation,
la tournure d'esprit, sont autant de
raisons qui engendrent l'humeur :
cependant l'attention sur soi-même, vient à bout de corriger ces
malheureux défauts. On reconnoît,

lorfqu'on réflechit , que chaque
homme n'étant qu'un membre de
la Société , doit contribuer au bien
du corps , & qu'il eft autant dange-
reux que ridicule , de ne fuivre de
loix , que celles du caprice. D'ailleurs , il faut penfer qu'on ne peut
tourmenter les autres fans fe tourmenter foi-même , que les accès
d'une mauvaife humeur nuifent
plus à la fanté que des accès de fievre , qu'on dévient enfin le fléau
de fes parens , de fes domeftiques,
de fes amis mêmes , lorfqu'on paroît alternativement fombre ou fâché. Il faut s'accoutumer à une certaine affabilité , qui détruit infenfiblement l'humeur. Rien n'eft plus
pitoyable que d'afficher la trifteffe,
fans avoir aucune raifon de s'attrif-

ter ; & telle est l'humeur : elle dé-
compose tout-à-coup l'ame & le visage d'une personne qui n'a aucuns
motifs de se chagriner. Si l'on travaille à détruire des maladies qu'on
n'a pu empêcher, pourquoi ne tra-
vailleroit-on pas à dissiper ces airs
mornes & affligeans qui font le
désespoir de la Société. Il s'agit de
ne s'attacher qu'à des idées riantes,
& de n'entrevoir jamais les objets
que du beau côté. » Réflechissez,
» dit Marc-Aurele, en vous levant
» le matin, que vous aurez affaire
» avec toutes fortes de caracteres,
» que votre ame n'est née, ni pour
» être esclave, ni pour être automa-
» te, & que vous ne pouvez la ren-
» dre heureuse & libre, que par
» une maniere agréable de penser.

J'ajouterai qu'on doit éviter les minuties, lorsqu'on veut se garantir de l'humeur. La plûpart des femmes ne passent rapidement de la joie à la tristesse, que parce-qu'elles sont minutieuses. Tout ce qui est petit & frivole, est sujet à mille incidens qui engendrent nécessairement des tracasseries & des contradictions. L'esprit philosophique simplifie les choses, ne s'occupe que du grand & du vrai, & se rit conséquemment des querelles & des rapports, dont les petits génies font leur aliment. L'humeur ne raisonne point, & nous sommes nés pour raisonner ; l'humeur nous agite & nous trouble, & nous devons vivre dans le calme ; l'humeur nous rend odieux,

N iv

& nous devons nous faire aimer.

Tristesse d'Ennui. Rien n'est plus redoutable que cet ennui, qui, tenant l'homme entre une plénitude & un vuide, ne lui laisse en quelque sorte qu'une existence indécise, & des desirs sans objet. Mais quel remede opposer à cette maladie de l'ame? La plûpart des personnes ne s'ennuient que parcequ'elles ne savent tirer parti, ni de leur entendement, ni de leur mémoire, ni de leur imagination. Mais n'avons-nous pas une multitude de pensées, de sentimens & d'idées, qui, se diversifiant à l'infini, nous présentent des tableaux sur lesquels nous pouvons nous fixer? Quand on veut rentrer en soi-même on y forme un entretien qui applique ou

qui amufe , & qui fait que, felon
l'expreffion de Cicéron , on n'eft jamais moins feul , que lorfqu'on eft
feul. Quelles idées l'immenfité de
l'Etre fuprême ne fournit-elle pas
à l'homme qui réfléchit ? Le cercle de cet Univers , tout limité
qu'il eft , nous offre une carriere ,
où les penfées fe reproduifant de
toutes façons, nous élevent, nous
étendent , nous multiplient.

Si ces moyens ne fuffifent pas ,
ou paroiffent inacceffibles aux yeux
du Vulgaire, fortons hors de nous,
& dans quelque lecture , ou dans
quelque travail , nous trouverons
des remedes efficaces contre l'ennui. Il n'y a que le défœuvremenr
& la lenteur à penfer qui nous dé-
couragent , & qui nous engourdif-

fent. On n'eft gai, que lorfqu'on fait s'occuper ; & pour que les occupations ne laffent point, il faut les varier. Une étude agréable doit fuccéder à une étude férieufe ; rien ne fatigue plus les hommes, que la monotonie. La maniere de paffer le tems, décide de fon prix. Toute perfonne attentive à repouffer l'ennui, trouve dans chaque heure, & peut-être dans chaque minute, une nouvelle façon de s'amufer. Nos devoirs, nos bienféances, nos befoins, nos méditations, nos entretiens, nos affaires, nos projets, nos promenades, en un mot, tout, jufqu'à nos fonges mêmes, forme une telle fucceffion d'événemens, qu'il n'eft pas concevable comment on s'ennuie. Soyez folitaire & fo-

ciable, méditatif & agissant, sérieux & enjoué; & vous trouverez
en vous-même & dans les autres,
une ressource inépuisable contre le
dégoût. Une année n'est qu'un
jour aux yeux de celui qui s'étudie, & la raison veut que tout
homme travaille à se connoître.

Tristesse d'inquiétude. On est bien
à plaindre, lorsqu'on ne sait pas se
posséder. Ces impatiences qui nous
mettent si souvent mal avec nous-
mêmes, & qui nous rendent odieux
à nos domestiques ou à nos amis,
annoncent une vraie pusillanimité.
L'inquiétude n'est qu'un nouveau
mal, qu'on joint à celui qu'on sent.
Si l'on pensoit qu'il n'arrive rien
que ce que la Providence a déterminé, & que ce qu'elle a jugé nous

être le plus avantageux, on se sou-
mettroit sans peine à tous les événemens. Les Italiens disent que
le monde appartient aux flegmatiques, & ils ont raison : *Il mondo ap-
partiene à li flegmatici.* Lorsqu'on
impose silence à ses passions, on
devient Roi de l'Univers, & l'on
ne trouve plus d'obstacles dont on
ne triomphe, ou par la prudence,
ou par la résignation.

L'homme qui s'inquiete n'est
qu'un roseau que l'imagination
promene comme elle veut : tout
en idées noires, dont il se nourrit,
il n'existe, pour ainsi dire, que
d'une maniere entrecoupée. Cela
vient de ce qu'on se livre trop à la
dissipation. Appliquons-nous soli-

dement, & nous ferons tranquilles. Ce n'eſt en effet que le tourbillon des affaires ou des minuties, qui nous agite, & qui nous tire hors de nous-mêmes. Il faut s'accoutumer à examiner un événement dans toutes ſes ſuites & dans tous ſes rapports; mettre les choſes au pire, pour n'être point ſurpris; penſer que ce qui nous arrive a été avant nous, ſera après & eſt auſſi commun que les roſes au Printems & les fruits en Eté: il faut ſe figurer que le chagrin n'étant pas dans l'ame, mais dans l'opinion, la plupart de nos maux ne ſont qu'une pure idée; qu'enfin, d'être bien ou mal à ſon aiſe, comme d'être plus ou moins content, c'eſt la même choſe à la fin de l'année, & souvent à la fin du jour. Les Sages ouvrent l'avenir lorsque le préfent les inquiete, & ils ne confiderent plus leurs chagrins que comme un inftant de douleur qui eft paffé. Si l'on anticipoit le jugement qu'on porte d'un événement fâcheux deux ou trois mois après, on fe trouveroit toujours dans une fituation paifible, & conféquemment defirable. Tels font les remedes qu'on doit oppofer à cette trifteffe d'inquiétude, qui femble aliéner la raifon, & qui fouvent nous jette dans l'abattement & dans le défefpoir.

Trifteffe d'Envie. Le plus cuifant de tous les chagrins, eft peut-être celui-ci. L'homme qui fe laiffe confumer par l'envie fe dévore en quelque forte lui-même, comme il voudroit dévorer la fortune & la réputation de ceux dont il ne peut fouffrir la profpérité. Cette trif-teſſe étant le partage des ames baf-fes, quoiqu'elle ſoit la belle paffion des Grands, pourroit ſe guérir par le moindre effort de raiſon. Pour peu en effet qu'on réfléchiffe, on ſent qu'en enviant le bonheur des autres, on ſe chagrine inutilement, & qu'on eſt ſeul la dupe d'un pa-reil chagrin : la perſonne qu'on voit avec peine au comble des honneurs, ne perd rien de ſon éclat; & l'envieux même augmente ſon triomphe. Ainſi l'envie n'é-tant, ni une vengeance capable de nuire, ni une paffion qui procure le moindre avantage, elle doit ſe mettre au nombre des folies.

S'il n'y a que la vertu qu'on ait raison d'envier, si l'on n'est heureux que lorsqu'on regarde tous les hommes comme ses amis & ses freres, on a bien des torts quand on s'abandonne à des desirs qui deshonorent l'humanité. La félicité d'autrui ne troublera jamais la nôtre, si, pensant en êtres raisonnables, nous mettons notre plaisir à converser avec nous-mêmes & à nous posséder. Quiconque réflechit, craint l'élévation, & se réjouit véritablement de voir passer à d'autres personnes les inquiétudes & les embarras, toujours inséparables de la grandeur. Opposons à l'envie une juste défiance de notre propre mérite, une soumission en-

tiere à tous les événemens; & rien
ne fera capable de nous faire con-
voiter ce qui n'eft point à nous.
On manque à un des premiers
Commandemens de la Loi , fitôt
qu'on defiré le bien d'autrui.

Il n'y auroit point d'envie, s'il n'y
avoit, ni orgueil, ni ambition : ainfi
devenons humbles & indifférens
aux vanités du monde ; & nous
voilà guéris. Mais comment y par-
viendrons - nous ? Seneque nous
l'enfeigne, lorfqu'il dit qu'en s'ana-
tomifant foi-même, & les chofes
du monde, on apprend à connoître fa mifere , & la caducité des
objets terreftres.

Trifteſſe d'Amour. Cette trifteffe
détruit tellement la gaieté , que
celui qui en eft atteint fe confume

à force de regretter ou de defirer.
Sa crainte a l'effroi de la terreur,
fa langueur les accès de la rage;
fon efpérance même, les allarmes
du défefpoir. Il ne trouve au fond
de fon cœur qu'un tombeau qui
femble avoir englouti pour jamais
tout fentiment de plaifir, & il n'a
plus d'autres penfées que des inquiétudes & des foupçons.

On croira peut-être que cette
maladie ne peut fe guérir que par
des remedes violens ; & l'on fe
trompera. Il en eft de l'amour
comme des tentations, dont on ne
fe débarraffe qu'en y faifant peu
d'attention, & en les méprifant.
Une fimple idée, telle que celle de
l'éternité, a fouvent écarté l'image
des plaifirs les plus féduifans. Je

voudrois donc que ceux qui font accablés de cette tristesse d'amour, essayassent de se distraire tout doucement d'un tel objet, soit en voyageant, soit en conversant ; soit en travaillant : je voudrois qu'ils s'interrogeassent sur les avantages qu'ils attendent de leur situation, parceque bientôt ils verroient qu'elle ne peut produire que des syndéreses & des dégoûts.

» Lorsque l'ame est pleine d'elle-
» même, dit Epictete, elle ne cher-
» che point à former des liaisons
» indiscretes & dangereuses, &
» conséquemment elle évite le cha-
» grin de n'être plus aimée, ou d'a-
» voir trop aimé ». Ainsi nous devons nous remplir d'une Philosophie Chrétienne, dont les princi-

pes puiſſent fixer le cœur & l'épu-
rer. Il faut toujours croire qu'on
ne nous aime que par caprice, &
toujours craindre d'aimer par paf-
ſion : alors l'amour ne devient point
exceſſif, & l'on trouve dans ſon
commerce le même calme que dans
celui de l'amitié. Si l'on penſoit
que le corps de la perſonne qu'on
chérit n'eſt qu'un peu de terre or-
ganiſée, que ſon ame n'a rien de
plus merveilleux que toutes les autres ames, que ſon eſprit ne vaut
pas mieux que tant de livres excellens qu'on peut parcourir, que
ſes vertus enfin peuvent d'un moment à l'autre ſe ternir, on n'aime-
roit qu'avec modération, & l'on
ne s'affligeroit que raiſonnablement de la perte d'un tel amour.

Ces remedes ne plairont pas autant que ceux d'Ovide , mais ils font plus efficaces. Le grand art confifte à retenir fon cœur ; autrement on n'a qu'une ombre d'exiftence , & l'on n'aime que pour éprouver du chagrin. Un amour impétueux n'eft pas de durée , & finit fouvent par la haine. L'ame fe défefpere auffi violemment qu'elle avoit efpéré. Les jeunes gens paffionnés ne goûteront pas ces réflexions : mais attendons le retour de leur raifon ; & alors ils conviendront de ces vérités.

Trifteffe d'Infortune. Il y a quatre fortes d'infortunes , dont tous les maux dérivent , mais que tout homme peut toujours fupporter , lorfqu'il veut faire ufage de fon courage & de sa raison : l'indigence, qu'on surmonte par le mépris des richesses ; les revers, dont on triomphe par la résignation ; la maladie, qu'on supporte par la patience ; la mort de nos amis, ou l'approche de la nôtre, qu'on envisage sans frayeur à l'aide de la Religion. Si vous êtes pauvre, pensez que tous les biens ne sont qu'une fumée ; que les riches n'ont pas un autre soleil que vous, ni un corps plus parfait ; qu'il est égal à la fin d'un repas d'avoir mangé les viandes les plus exquises, ou les mets les plus communs, de n'avoir bu que de l'eau, ou d'avoir bu du vin ; qu'on ne porte pas deux habits, quoiqu'on en ait cent ; qu'on n'occupe pas deux places, quoi-

qu'on possede d'immenses Palais ;
qu'enfin on a des besoins à proportion de ses domestiques & de ses
trésors.

La nature simple, se contente
de peu, & quand même on vien-
droit à manquer de pain, ce ne
seroit pas en s'abandonnant au chagrin, ni en murmurant, qu'on gué-
riroit un tel mal. La tristesse, loin
de soulager, jette dans l'abbatte-
ment, & ôte en cela les moyens de
se tirer d'embarras. Tous les chagrins du monde, comme on dit vul-
gairement, ne payeroient pas la
moindre dette. Si l'on prétend n'ê-
tre pas maître de ne point s'affliger, c'est une illusion. Une ame
immortelle a toujours en elle-même de quoi surmonter les malheurs

d'une vie momentanée. On manque de raifon & de foi, lorfqu'on
fe décourage. Job fe trouva fur un
fumier, & il fut patient.

Si vous avez des difgraces, pen-
fez qu'il n'y a rien de fi frivole que
les honneurs ; que la gloire n'eft
qu'une chofe arbitraire ; que les
dignités ne font agréables que pour
ceux qui les voyent & qui n'en
jouiffent pas, & qu'elles aboutif-
fent à une Oraifon funebre ; pen-
fez que les exils n'ont rien de plus
trifte ; que toute la terre elle-même, qui n'eft pas notre patrie ; que
les prifons ne fauroient captiver
une ame toute fpirituelle, qui fe
repand où elle veut, qui s'élance
au-delà des aftres & des mers, &
qui trouve en elle-même des reffources

sources qui ne tarissent point ; qu'enfin il faut se corriger, si l'on est justement puni, ou blâmé, & chercher son plaisir dans le témoignage de sa conscience, si l'on a le bonheur d'être innocent.

Il n'y a que l'ame qui soit réellement à nous, & conséquemment tous les revers qui ne sauroient nous en dépouiller, doivent nous paroître indifférens. Le moment du bonheur seroit souvent celui de la disgrace, si l'on savoit en profiter ; mais au lieu de jouir de sa liberté, on s'enchaîne encore davantage. Combien de Ministres, en perdant leur place, pourroient s'attacher des personnes de mérite, qui n'ont de défaut que l'infortune, & goûter

O

avec eux les délices de la vraie Philosophie ! cependant l'expérience nous apprend que leur chûte ne les rend pas Philosophes.

Si vous avez des maladies , pensez qu'il eſt plus ſurprenant de ſe conſerver en ſanté, que d'avoir des infirmités ; que nous ne naiſſons que pour ſouffrir , & qu'on ſouffre au double , lorſqu'on ſe livre au chagrin ; que les douleurs ſont une réponſe de l'immortalité que nous attendons ; qu'on engourdit ſes maux par la force de l'imagination , & qu'on les oublie par le ſecours de la Religion ; qu'enfin les maladies ſont l'épreuve d'une ame Chrétienne , ou l'expiation d'une ame criminelle.

Epicure, qui ne déraisonna pas toujours, dit que dans ses souffrances il n'entretenoit jamais ceux qui le venoient voir du mal qu'il enduroit, mais qu'il passoit le tems à discourir des principes des choses, & sur-tout à prouver que l'ame, en participant aux douleurs du corps, ne doit pas perdre sa tranquillité. Il est vrai que si l'on s'occupoit moins de ses infirmités, on souffriroit moins. L'esprit, soit en méditant, soit en conversant, a des moyens de se distraire de tout ce qui peut l'affliger. Lorsqu'on a une gaieté de caractere & de raison, elle se conserve jusqu'au milieu des plus vives douleurs; on se plaint, mais d'une maniere qui n'annonce, ni l'impatience, ni le désespoir.

O ij

Si la mort de vos amis, ou l'idée de la vôtre, vous attriste & vous trouble, pensez que ceux qui meurent ne font que nous précéder & que nous les rejoindrons ; que la Foi ne connoît que des vivans ; que la vie la plus courte, ainsi que la plus longue, se trouvant toujours, entre un passé & un avenir, il est égal de ne vivre que trente ans, ou d'en vivre cent ; que les jours d'un Philosophe, dans quelque tems qu'ils finissent, sont toujours complets ; qu'il n'importe à l'homme que d'avoir bien vécu ; qu'il n'y a rien de digne de nos desirs que la possession de Dieu, & qu'on n'y peut parvenir qu'en mourant ; qu'enfin, comme le dit Platon, on ne doit pas plus s'affliger de se voir

dépérir, que d'appercevoir les feuilles tomber en Automne & les fleurs
se faner.

Si les Grands avoient le privi-
lege de ne point mourir, je concois
qu'on pourroit réellement s'attrister ; mais tout homme apporte en
naissant le germe de sa mort.
C'est donc une folie de souhaiter
qu'une chose qui doit être essentiellement n'arrive pas. D'ailleurs,
pourquoi nous affliger d'un événement que nous avons nous-mêmes desiré ? Il n'y a personne
qui n'ait eu quelquefois envie de
mourir. Si nous voulons vivre
pour écouter & pour voir, n'a-
vons - nous pas vu & entendu
tout ce qui peut survenir ? Les sié-
cles ne sont qu'une continuelle ré-

pétition ; & ce monde n'eſt qu'un
théâtre , où des Acteurs ſe ſucce-
dent , & ne font que changer de
nom. Les uns ont un rôle plus court,
les autres plus long : mais de même que celui qui n'a joué qu'un
Acte dans une Comédie n'eſt pas
plus triſte que celui qui en a joué
cinq, on ne doit pas s'affliger de
vivre moins que ſon voiſin.

Triſteſſe de Scrupule. Il n'y a peut-
être pas une plus rude épreuve
pour l'ame que ce genre de chagrin, qui jette dans l'abattement.
Il faut , lorſqu'on en ſent les appro-
ches, s'armer de toute ſa raiſon ,
évaluer le bien & le mal, & s'en
faire une juſte idée. Les ſcrupules ,
lorſqu'ils ne ſont pas fondés , ne
conſiſtent que dans une opinion

bizarre; & le moyen de les guérir, c'eft de les confronter avec les regles immuables de la Loi. Je fais que la plupart des Auteurs qui ont donné des remedes contre les fcrupules, témoin le célebre Duguet, n'ont fait que les augmenter. Mais fi l'on a foin de fimplifier les chofes, on ne trouvera des péchés que dans la tranfgreffion des préceptes, & l'on craindra d'être dupe de fa fantaifie ou de fon obftination, toutes les fois qu'on fe fentira arrêté dans le chemin de la vertu. C'eft fouvent en méprifant les tentations, qu'on acquiert une force d'efprit qui nous met au-deffus des événemens, des minuties, & de nous-mêmes. Il n'y a pas d'apparence que la trifteffe de fcrupule devien-

ne épidèmique; & si nous en parlons, ce n'est peut-être que pour
deux ou trois personnes qui ont
besoin de ces réflexions : car, hé-
las, que ne se permet-on pas dans
ce siecle pervers !

Tristesse de Désespoir. Cette tristesse, à proprement parler, n'est
que l'excès des différentes tristesses dont nous venons de donner
une idée. Ainsi je ne parle point
de ce prétendu désespoir, dont le
mot se trouve à tout moment dans
la bouche des petits Maîtres & des
femmes du bon ton , & qui n'a
pour objet que des futilités. Il suffit, pour le corriger, d'en rire, ou
de le mépriser.

Toute notre vie n'est qu'une
succession d'espérances , qui ,
plus ou moins fortes, ne se dé-

truifent jamais qu'en renaiffant :
mais fi l'on craint d'être contredit & de trouver des obfta-
cles, il ne faut efpérer que fobrement, c'eft-à-dire, avec une telle dif-
crétion, qu'on ne foit point étonné
de voir échouer tous les projets.
Quiconque penfe que tout eft ici-
bas mobile, incertain, fujet à mille
incidens, ne trouve jamais l'occafion de fe défefpérer. La gaieté, je
le fais, fe figure toujours un avenir
gracieux, & quelquefois même fe
repaît d'agréables chimeres ; mais
lorfqu'elle eft philofophique, comme elle doit l'être, elle met de la
raifon jufques dans fes rêves. Pen-
fez donc que c'eft une folie de vouloir qu'une chofe arrive parceque

vous l'avez imaginé , & que le chagrin que vous en reſſentez ne ſauroit être qu'un ſurcroît de peines.
On ne gagne, en ſe déſeſpérant, que
l'avantage de devenir ſuicide , ou
fou. Il n'y a point une lâcheté plus
grande , que de ſuccomber à la douleur. L'héroïſme conſiſta toujours
à triompher des obſtacles & des
maux. Les ſeuls imbécilles ont
droit de prendre la frénéſie pour
du courage , & la miſanthropie
pour de la raiſon. On doit abſolu-
ment éviter la ſolitude lorſqu'on
s'afflige avec excès, & ſe diſtraire de
l'objet dont la privation ou la vue
cauſe une extrême triſteſſe. Vous
y réuſſirez ſi vous ſavez vous faire
une occupation, tantôt en parcou-
rant un Livre , & tantôt en vous

promenant , mais toujours avec quelqu'ami qui sache vous égayer à propos , sans paroître vouloir se roidir contre votre chagrin.

Les amusemens d'un Philosophe varient à l'infini : une Brochure qui paroît , une Lettre qu'on reçoit ou qu'on écrit , une nouvelle qui se débite , le renouvellement des saisons , la diversité des physionomies , des passions , des intérêts , le changement des fortunes , la rapidité des événemens , les riens mêmes , sont autant d'étude ou de jeux dont le Sage sait tirer un bon parti , & sur-tout aujourd'hui plus que jamais , puisque les Villes & les Cours nous fournissent des révolutions & des phenomenes qui n'arrivoient pas autrefois dans l'espace de dix ou douze siecles. Les hommes, par leur malice & par leur frivolité, ont entassé tant de faits extraordinaires, que notre histoire paroîtra tout à la fois pitoyable & ridicule, & que nous sommes bien stupides si nous n'y trouvons pas matiere à rire ou à réfléchir.

Tristesse de Repentir. Je ne parle point ici de cette tristesse absolument nécessaire lorsqu'on a péché; mais de ces regrets inutiles sur des démarches, ou des méprises, qu'on ne peut plus réparer. N'est-ce pas en effet à pure perte qu'on s'afflige d'avoir manqué sa fortune, ou d'avoir mal employé son tems? Tous nos desirs ne feront pas rétrograder les années, ni renaître les occasions qui ont échappé. Le

paſſé n'exiſte plus que par rémi-
niſcence, & nulle autorité ne peut
faire qu'il n'ait pas été.

C'eſt donc s'attriſter en inſenſé,
que de ſouhaiter une choſe que la
raiſon & l'ordre empêchent de deſirer. Le paſſé ne nous eſt profitable,
qu'autant qu'il nous ſert de leçon
pour l'avenir. Penſez, dit Platon,
à ce que vous faites, & non pas à
ce que vous avez fait; l'un eſt une
réalité, & l'autre une chimere.
Vous avez été maître d'agir, lorſque vous agiſſiez; mais il n'y a plus
de liberté après l'action : tout ſe
trouve renfermé dans les decrets
de la Providence. Rien n'arrive,
que ce qu'elle a voulu, & nos
malheurs feront peut-être notre
plus grand bien.

C'eſt ainſi que la gaieté Philoſophique écarte toutes les idées affli-
geantes, pour ſe faire un ſyſtême
de félicité conſtante, & à toute
épreuve ; c'eſt ainſi que trouvant
toujours en elle - même des motifs
de conſolation & de joie, elle laiſſe
aux hommes terreſtres les inquiétudes & les embarras ; c'eſt ainſi
qu'on voit l'aigle planer dans les
airs, & s'élever juſqu'aux nues,
tandis que la timide hirondelle ne
fait que raſer la terre.

Nous n'avons pas la préſomp-
tion de croire que nos remedes contre la mélancolie rendront les hommes gais, puiſque, ſelon l'expreſſion de Madame de Maintenon,
il n'y a rien qu'on oublie auſſi vîte

qu'un livre : mais du moins on conviendra qu'ils pourroient opérer cette merveille, si l'on vouloit faire des efforts. La tristesse n'est souvent qu'une nonchalance, qui, devenant habitude, engourdit les facultés de l'esprit & du cœur. On ne pense à rien, parcequ'on n'a pas le courage de penser.

Si, selon l'avis de Platon, on mettoit l'Univers sous ses pieds, on s'épargneroit tous les chagrins qui nous accablent & qui nous désesperent. Il n'y a réellement que notre attachement aux vanités du monde, qui nous rend esclaves des moindres minuties, sensibles à la plus petite perte, & victimes de la plus légère infortune. Diogene étoit plus content qu'Alexandre,

s'il n'étendoit pas ses desirs au-delà de son tonneau.

Marc-Aurele, qui s'est efforcé de
nous prémunir contre les accidens
de la vie, veut que nous exami-
nions les hommes, pour apprendre-
dre à méprifer leurs jugemens.
Après avoir prouvé que prefque
tous les chagrins viennent de la
haine que nous avons les uns pour
les autres, il démontre que nos
occupations ne font que des rapports, des querelles, des jeux d'enfans, & notre efprit une fource
inépuifable de préjugés, de rufes
& de calomnies. Il demande en-
fuite fi ce n'eft pas être infenfé, que
de s'affliger à la vue de pareilles
miferes. » L'ame, ajoute-t-il, doit
» être comme un foleil, qui fe ré-

» pand par-tout sans affoiblir sa
» lumiere, & qui dissipe en un ins-
» tant les nuages & les brouillards.

Si les hommes étoient indifférens pour les choses indifférentes,
comme dit Socrate, ils auroient
bien moins d'inquiétudes & de remords; car ce n'est qu'en se faisant
un fantôme de mille puérilités,
qu'ils se livrent à la douleur. Nous
nous rions de l'enfant qui pleure
la perte d'une dragée, ou le ren-
versement d'un château de cartes,
& nous ne sommes certainement
pas plus sages, lorsque nous re-
grettons la perte de nos biens
ou de nos honneurs. « Il n'y a
» que certaines folies hors d'œuvre,
» dit très-bien Fontenelle, qu'on
» relegue aux petites maisons,

» tandis que les plus grandes font
» à la mode, & donnent le ton
» dans l'Univers..

Cela se voit d'une maniere sensible dans les Ouvrages qui paroissent successivement. Les uns, fruit d'une mauvaise humeur qu'on prend pour de la Philosophie, les autres, fruit d'une singularité qu'on nomme bel esprit, déguisent les plus monstrueuses extravagances sous l'apparence de systêmes, & n'enseignent qu'un ridicule Epicurianisme, ou qu'un Stoïcisme outré, qui détruisent également la vraie gaieté. Ce n'est que dans les ouvrages avoués par la Religion, qu'on apprend à connoître cette joie pure & tranquille qui fait les délices du Sage. Les Au-

teurs qui favorisent les passions, &
qui ne laissent à leurs Lecteurs
que des railleries ou des doutes
sur un article aussi essentiel que la
Religion, ne causent que du trouble & des remords. Le premier
instant peut séduire, & causer quelque ivresse qu'on prend pour le
bonheur ; mais bientôt le charme
cesse, &, crainte d'être trop crédu-
le, on devient le triste jouet de
l'impiété, c'est à dire de la situation
la plus opposée au vrai plaisir.
Lorsque le Prophete a dit qu'il n'y
avoit point de paix pour les impies,
il a prononcé un oracle dont les
libertins mêmes reconnoissent à
chaque instant la vérité.

. La Religion est tellement liée
avec notre ame, quelque chose

qu'on faſſe pour la détruire, qu'elle ne peut s'éteindre dans un cœur qu'aux dépens de la tranquillité. Si l'on ne trouve pas, en entrant dans le monde, l'affaire de la Religion décidée par une autorité irrévocable, & qui a tous les caracteres de l'eſprit divin, on éprouve des perplexités qui déſolent, ou l'on vit en bête qui ne ſent rien. C'eſt pourquoi nous ne ſaurions trop chérir & trop eſtimer le Chriſtianiſme, qui, nous forçant par des preuves éclatantes à reconnoître ſon autenticité, ne laiſſe à la raiſon, ni doute, ni prétexte!

Si la lecture eſt néceſſaire pour diſſiper l'ennui, & conſerver la gaieté, il ne faut donc s'attacher qu'à des livres qui maintiennent la bonne confcience & le calme des paffions. Tous ces Romans, que la jeuneffe recherche avec tant d'avidité, ne procurent pas de bonheur plus réel que ces Palais de Fées dont ils font fi fouvent la defcription. On feroit bien plus difficile dans le choix des Ouvrages qu'on parcourt pour fe diftraire, ou pour s'appliquer, fi l'on favoit combien ils influent fur nos mœurs & fur notre félicité ; ils deviennent un nouvel air que nous refpirons. Mille goûts & mille préjugés, dont nous ne pourrions fouvent rendre raifon, doivent leur exiftence à nos lectures : « elles s'identifient avec l'efprit, dit Socrate, comme les alimens avec le corps. »

Il y a certains Livres que je voudrois voir entre les mains de tout le monde, Livres qui rendent l'ame à elle-même, & qui conséquemment inspirent la vraie gaieté. Tel est celui de *Sarasa*, que nous avons déja cité, & qui a pour titre *l'Art de toujours se réjouir*. Je suis étonné de ce que cet Ouvrage Latin, qui n'est point une facétie, mais le traité d'une Philosophie toute Chrétienne, n'ait pas été traduit en François, & je suis encore plus surpris de ce qu'il ne se trouve pas dans les plus célébres Bibliotheques de Paris : cependant ce Livre est aussi propre à corriger les hommes de leur frivolité, qu'à leur inspirer une véritable gaieté.

Après avoir parlé de l'influence

que les lectures ont fur nos mœurs, nous dirons encore un mot des Sociétés. Ce font elles qui décident fouvent, & pour toujours, des fatisfactions ou des chagrins que nous goûtons. Ne fommes-nous pas perdus, fi nous nous livrons au caprice & à l'indifcrétion de ces femmes oifeufes & babillardes qui ne connoiffent de langage que les reproches & les rapports ; ou à ces hommes étourdis, qui , pour vouloir être par-tout , ne fe trouvent en aucun endroit, & qui, à force de chercher le bonheur, ne fe donnent pas le temps de le fixer ? La vraie gaieté n'exifte , ni dans le fein des querelles, ni dans le centre de la diffipation : elle laiffe aux paffions, qui n'ont que le

masque de ses plaisirs, les alternati-
ves de bonne & de mauvaise humeur, de folie & de misantropie ;
elle se concilie tout le monde , &
sur-tout le sexe, dont la décence &
l'aménité font l'honneur & l'agrément des Sociétés.

Nous devenons insensiblement
la copie des personnes que nous
fréquentons : c'est par cette raison
que les grandes Villes ont un avantage considérable sur les petites.
Les différentes Cotteries qu'on y
trouve, laissent la liberté du choix :
& d'ailleurs, plus il y a de monde
dans un endroit, moins il y a de
caquets & de rapports , & plus on
a le loisir de s'appliquer. Mais n'importe où l'on vive , lorsqu'on sait
jouir de soi-même ; car alors on se

suffit ,

suffit, si l'on n'a pas la ressource des compagnies. Toute personne, dans quelque Pays qu'elle existe, & dans quelque Condition qu'elle se trouve, ne peut avoir une vraie gaieté, si elle n'habite pas avec soi. Ces hommes qu'on voit toujours courir de maisons en maisons, & qui regardent leur demeure comme un pis aller, ne font que charmer leur ennui, dans le temps même qu'ils paroissent se réjouir au mieux. On ne sauroit être heureux, quand on va mendier son bonheur. Mais ce bonheur doit avoir pour base l'amour de la paix.

O vous, qui vous livrez à toutes les folles joies du monde, ou qui vous abandonnez à la misantropie,

P

n'envierez-vous pas au moins cette gaieté raifonnable que je viens de décrire, & que je tâche d'exciter ? laifferez-vous plus long-tems votre ame en proye aux préjugés & aux goûts bizarres. Tout nous infpire l'allégreffe ; les oifeaux, par leur ramage, les eaux, par leur murmure, les fleurs, par leur beauté, les aftres par leur éclat : & ce n'eft qu'entre les brouillards de l'Hiver, & les orages de l'Eté, qu'on trouve une heureufe férénité.

Le férieux, que la plupart des hommes prennent pour la Sageffe, & qu'ils affichent comme l'honneur de la raifon, n'eft fouvent qu'un fruit du tempéramment, ou qu'un défaut d'idées. Il fuffit d'examiner leur extérieur, & l'on vient à bout d'en connoître la cause. On s'apperçoit alors que le sérieux des passions ardentes est sauvage & sombre, de même que le sérieux d'une personne bornée paroît froid, lâche, oisif, & que celui d'une ame timide n'a presque jamais de maintien.

Développons notre ame, ouvrons notre cœur, & nous aurons en partage la gaieté propre à nous rendre heureux & chers à la Société. Notre être, tout simple qu'il est, se mélange avec tant d'affaires, tant de passions, tant d'idées, que nous ne jouissons jamais que d'un quart de nous-mêmes. Oh ! si nous connoissions les ressources de notre esprit, si nous pouvions suivre

notre ame jufqu'où elle peut aller,
quelle carriere de plaifirs & de prof-
pérités ! Le feul bonheur d'exifter,
& de fentir fon exiftence, comble
de joie toute perfonne qui penfe.

Qu'il eft charmant, qu'il eft admirable, de fe voir environné de
plantes qui croiffent, qui fleurif-
fent, qui fructifient; de ruiffeaux qui
coulent, qui murmurent; d'animaux qui volent, ou qui rampent,
qui nagent, ou qui marchent; &
de fe trouver la feule créature qui
penfe, qui combine, & qui analyfe
l'Univers ! Lorfqu'on fait ces réflexions, on donne un intérêt aux
chofes les moins importantes, on
fe complaît dans l'ufage de la vie
tel que le Ciel nous l'accorde, &
l'on éprouve cette gaieté raifon-

nable dont dépend notre bonheur.

Oferois-je efperer que mes Lecteurs, qui, féduits peut-être par le
titre de cet Ouvrage, fe flattent d'y
trouver un nouveau moyen de
frivolité, pourront enfin, aidés
de mes réflexions, comprendre
& goûter les avantages de cette
gaieté philofophique, qui adou-
cit la fagefle trop auftere, qui ré-
prime la diffipation immodérée,
qui rend la vertu aimable, qui augmente les douceurs de l'amitié,
qui détruit l'envie, qui plaît à tout
le monde, qui charme les douleurs,
qui affaifonne les plaifirs, qui maî-
trife les paffions, & qui nous met
au-deffus de tous les événemens?
Mais fi la confolation de la Philo-

sophie par Boëce, si les Livres de
Marc-Aurele, si les réflexions de
Séneque, n'ont pas eu cet heureux succès, puis-je me flatter de
réussir.

FIN.

TABLE
DES CHAPITRES.

CHAP. I. *Définition de la Gaieté*,   page   1

CHAP. II. *Des différentes sortes de Gaieté*,   17

CHAP. III. *De la Gaieté philosophique*,   39

CHAP. IV. *La Gaieté s'accorde parfaitement avec la Vertu*,   61

CHAP. V. *La Gaieté est l'ame de la Société*,   87

CHAP. VI. *La Gaieté est nécessaire aux Gens d'étude*,   113

CHAP. VII. *La Gaieté contribue beaucoup à la santé*,   132

CHAP. VIII. *Des Plaisirs*,   150

CHAP. IX. *Des Cotteries*,   164

TABLE.

CHAP. X. *Des Jeux*, 186

CHAP. XI. *Des ris*, 196

CHAP. XII. *Du Chant*, 207

CHAP. XIII. *Des bons mots*, 214

CHAP. XIV. *Il n'y a point de vraie Gaieté fans liberté*, 225

CHAP. XV. *L'Education pedantefque, nuit beaucoup à la Gaieté*, 240

CHAP. XVI. *La Grandeur doit être tempérée par la Gaieté*, 252

CHAP. XVII. *La Médiocrité eft la fituation la plus analogue à la Gaieté*, 266

CHAP. XVIII. *La Méfiance détruit la Gaieté*, 276

CHAP. XIX. *Des Moyens d'entretenir la Gaieté, & peut-être de de l'acquérir*, 283

Fin de la Table.

www.ingramcontent.com/pod-product-compliance
Lightning Source LLC
Chambersburg PA
CBHW051528060726
47597CB00001B/196